這本姓名學最好用

寶寶取名、成人改名、公司命名

楊智宇◎編著

超過**80**萬網友佳評

不斷的姓名學老師

不怕生壞命，最怕改壞名

香港　林展旭　先生

日常生活會聽到一句話，「**不怕生壞命，最怕改壞名**」，這句話耳熟能詳。香港人凡事著重意頭和意思，正如車牌要三不要四。本人林展旭（原名林健生）有幸透過楊智宇老師和讀者分享改名後的真實改變。

我來自香港，從事物流，工餘修讀法律，所以相信證據。在香港接觸到姓名學，綜合坊間繁多書籍的提示為自己算算看，並發現自己的命格如配合一個恰當的名字會更加展耀命格的特性。改名是人生大事，要相信一位玄學家確實有困難，但在香港的玄學家，只知道他們的名氣，有名過於實的情況。自己不懂玄學所以不可自以為是，始終要找一個我相信的人。

我知道台灣亦有很多玄學老師，他們的網站亦會提供免費而簡短的測試，但我沒有信心。無意間上到楊智宇老師的網站，便想算算看。他免費提供長達八千餘字的命格詳解給我，事實上，這正是我想要的。根據楊老師所提供的詳解再靜心閱讀，我覺得非常精準，我多次翻閱內容。讓我可以安心將重任交給楊老師，我亦確立對他的信心。

平日做事總是粗心大意和沒有勁，我便將日常生活問題、將來的意向一一告知楊老師。他依照我的命格為我的五行作一個大調和，修其不足之處。後來，他讓我知道我的五行中某些元素太盛或缺少而導致有上述性格。

按老師指示，必須完成改名後方能達至理想效果，發揮其功效。接著一個月內，我觀察到精神較以往為佳，毅力及做事態度同樣有所改進。依照命格詳解，我更了解自己的特性，善用優點，更易達至成功。

一、在心靈方面，我內心感覺有火在燃燒，內心不再感到驚慌，而是堅強，勇於面對事情。昔日的我，會膽小及感到顫抖，這樣好的改變，有誰比自己還清楚內心的感受呢？

二、精神上，可能三才中有火及展旭有太陽，所以內心常常感到火熱，心在燃燒，現在做任何事情會較積極進取，有恆心。

三、特別的是，改名當天步出律師行後，十步內有一女士向我賣旗籌款，這是我帶著新名字立即做的第一件善事。這麼巧，楊老師在詳解中提及要用新名字做善事，這麼快便有機會用新名做善事，我當日還打算去購物血拼。

五行平和是一種看不見卻非常有用的工具，起初誤解只是理論和假設，但無形中起了作用，真是神奇。多謝楊老師告知我命格上的短處用新名來補救。透過理解，讓我明白到新名字不會立即令我大富大貴，而是更易發揮內在的潛能。楊老師真是個實力派和務實的玄學大師。我很開心能分享自己的改變，讓讀者有正確的觀念，我會好好運用老師所給的名字來達至最佳效用。

祝　楊智宇老師新書成功。

4

一語道破心中的疑問

台灣　蘇敬閎　先生

人與人的第一次接觸或許是第一眼的外表，但是相處起點卻是跟著你一輩子的姓名。

我請楊老師為剛出生的女兒取名──蘇泫羽，就開始對她的未來充滿期待，我深信一個好的名字會影響人的一輩子。

與老師的交流當中，我對姓名學從不了解，到漸漸明白為什麼這樣命名的用意，幫女兒取名的同時，我自己也在翻書找資料，對於某些不確定的論點，楊老師都可以一語道破我心中的疑問，在取名的過程中，同時教導我們辨識，讓我相信每一個名字的背後，都有它的意義。

從我的觀點來看，看到或聽到一個名字，會對一個人有想像及期待，當你與人成為朋友或工作夥伴時，又會影響你的人際關係、發展和成就；最後，回到個人本身，你的心情、你的信念；它像一個符號一樣跟隨著你，好與壞，像蝴蝶效應一樣，就在這分差之間，牽其髮而動全身，這就是名字的重要性。

謝謝老師為女兒取的好名字，非常期待楊老師的新書出版，相信此書將對需要尋求好名字的你會有極大的幫助。人說三分天注定，七分靠打拼。透過天命取出的好名，可以讓你在打拼的部份更加圓滿順遂，命是天注定的，但要不要取個好名，借天命使力，決定在你的一念之間！

蘇敬閎　HTC宏達國際電子　產品開發部

作者序

我們常聽說「人如其名」，由此可見，名字能代表一個人的個性、外在、涵養、修為等。

關於名字的好壞，我們可從命理、心理以及與人交際的層面來看。

命理之中，姓名學需回歸其根本所在，也就是要從八字、五行、紫微斗數看起，此為天命，故為主，而姓名為輔，位居配角一職。

依照我們的觀念，可能會認為主、配之間，配角顯得不重要，但楊老師在此借用英文的說法做個比喻；英文中，位居領導主角的說法為「Leading role」，而配角則為「Supporting role」，也就是居於後方支持主角，「姓名」扮演的就是支撐「天命」的角色，倘若一個人天生八字不好，起一個好名，便有著助運的作用，能順勢拉他一把，給予支撐的力量。

當然，假使天生八字好，起了個不好的名字，整體的格局也不會因此而拖垮，只是平白消磨自身的運勢；但若遇上八字與名字相剋者，則會使得本命無法順勢發揮，形成阻礙，以致運勢與本命逐漸悖逆，產生影響。

許多事情，會在不自覺中漸漸的影響我們思維，姓名亦如同這般，具有暗示性的激發作用。若名字寓有正面的意義，隨著每次的喚起，無形中將誘導著大家邁向成功之途，反之，若是太過負面，則容易引向消極的人生觀之中，這是一種屬於心理層面的導向。

至於與人交際方面，筆者直接在此引述《清稗類鈔》中的一個故事，據聞清朝同治年間，舉凡科舉考試高中進士者，都會依其名次受到召見，也就是所謂的「臚唱」。那年江蘇有個考生高中進士，名喚王國均，當喊到他名字時，慈禧太后眉頭一皺，說道：王國均唸起來像亡國君，不吉利。於是被抑置三甲，派於安徽任知縣，而後，又議改為教職，以致抑鬱終生。

由上述角度來看，名字的好壞影響，足可左右人的運勢與方向。然近年來，隨著姓名學說的盛行，鑽研其術的人也愈漸增加，從最早的日本熊崎氏姓名學，衍生出倉頡姓名學、筆劃數姓名學、紫微斗數姓名學、八字姓名學、九官姓名學、易經姓名學、生肖姓名學等等，各家學說自成一派，造成眾說紛紜的混亂局面，以致今日的姓名學逐漸失去章法，令一些想取名或改名的民眾不知該聽信何派？又該以何者為依歸？

在楊老師看來，萬事萬物皆不該違背「理」這字，即便是命理之說，也應如此看待，太過無稽之說，則當捨棄，而不是任由他人胡亂牽著走才對。

市面上關於姓名學說的書籍不在少數，但在看完之後，能依照書中所說的方向順利取名的讀者卻趨於少數，其中原由，不單是學派過多難以適從之外，絕大多數是因為中國人向來有「藏私」的心態，總在關鍵之處，有所保留，以致讀者雖是再三翻閱，但對於命名一事，仍是不知該從何下手。

思及此，本人便決定提筆寫下這本「寶寶取名、成人改名、公司命名，這本姓名學最好用」，本書的特點在於：

1.融會貫通各家學派，包含：「姓名學三才五格，八十一筆劃靈動數」、「八字姓名學」、「五行陰陽姓名學」、「紫微斗數姓名學」、「生肖姓名學」。

2.兼具中華文化與命理的深度和廣度，透過深入淺出、淺顯易懂的教學和範例，去蕪存菁地讓讀者在短時間之內，了解姓名學取名的核心和妙招。

3.完整說明寶寶取名、公司取名、成人改名、藝人取名的方法。只要讀者了解各章節的內容，並且搭配實用的取名步驟，一步一步的操作就能取好名。

4.沒有命理基礎的讀者，透過此書的教學，可以讓你了解姓名學的核心和來龍去脈，進而替自己取好名。有命理基礎者，此書是必備的工具，透過此書的講解和完整姓名學資料，可以打開取名的視野和觀念，讓自己進階成長。

5.針對百家姓，收錄九～十二組的優質姓名學三才五格套裝數，讓讀者能夠快速又方便的取名。

6.收錄康熙字典常用字，正確的說明每一個字的筆劃數、五行屬性、讀音，方便讀者使用。

7.搭配楊智宇老師算命網，提供各種線上的免費姓名學吉凶好壞鑑定、免費康熙字典五行與筆劃數分類大全、免費紫微斗數、八字命盤排盤及算命，讓讀者可以了解自己的命運，進而掌握自己的人生。

8

本書除了以上的特點，筆者也希望透過此書，能讓大家瞭解取名不只是命理學術上的「填充題」，而是一種「文字的創作」。透過文字的編排組合，產生出不同的意義，藉以激發人性的無限潛能；也希望透過此書能讓想要改名的讀者、替孩子取名的父母、為公司命名、或是品牌命名的負責人，因此有了正確的取名方向，進而起好名。

本章教學重點

1. 日本熊崎健翁的姓名學和中華正統姓名學的差異。
2. 只計算筆劃，沒有針對八字和五行去改變，無用。
3. 五行的正確看法。

第一章

新世紀中華取名的特點和取名的正確觀念

姓名的筆劃好，是否就真的好？

筆劃壞，是否又真的會帶來厄運？

你知道紅遍港中台的影視明星中，有誰是大凶之數，演藝事業卻如日中天？

到底什麼是熊崎氏姓名學？

它與中華姓名學又有何不同之處？

本章將舉出實證直接告訴讀者單看筆劃是無效的，

並且告訴你什麼才是屬於華人的命名方式。

新世紀中華取名的特點和取名的正確觀念

傳統姓名學多是遵循日本熊崎健翁的理論，但是筆者認為，既為華人命名，其論述的觀點自然該以中華固有的文化做為基礎，而不是使姓名學形成一種公式，失去了原有的意義。

華人命名時，皆以八字、五行、紫微斗數為主幹，找出先天命格強弱和優缺點，配合命格的喜忌，使五行得以平衡，再融入生肖、三才五格、陰陽，以及筆劃靈動數，讓取名具有深厚的理論基礎。

此外，中華文化歷史悠久，古人留有的詩詞歌賦難以數計，亦成為命名時最好的素材，如唐代著名的田園詩人孟浩然，其名便是出自《孟子》中的「我知言，我善養吾浩然之氣。」。

這樣的命名方式也是我國的特點之一，應該繼續流傳下去，以維護中華固有的文化。

除了顧及命理學術之外，今日的命名更需注意其合理性，不可過於盲從，如傳統姓名學的納音五行，又或是數理五行這類看不出其根據，又無法自圓其說的理論就該捨棄，不宜再繼續使用。

日本熊崎健翁的姓名學和中華正統姓名學的差異

自從一九一八年白惠文先生將日本人「熊崎健翁」的著作譯成華文，姓名學便引起一陣風潮，迄今依舊盛行，但隨著每個國家的文化、歷史背景不同，論述的觀點自然會有所差異，既是為華人所命名，其基礎理論必然得將中華文化、歷史背景融入進來，才不致產生偏頗的情況。

熊崎健翁的理論，首重數理關係，其中，又將五行直接依照筆劃數區分，因此有了一、二筆劃數為木，三、四筆劃數為火、五、六筆劃數為土，七、八筆劃數為金，九、十筆劃數為水的五行之說。

然而，中國文字的發展已有五千多年，造字法又可分為象形、形聲、會意、指事、轉注、假借六大法，許多文字的字義已涵蘊五行的屬性。再者，單從康熙字典就有四萬餘字，相同筆劃數的文字又豈是一、兩個？就算相同部首、相同筆劃之文字，其意義上就已截然不同，若是套用熊崎的五行理論，則會形成錯亂叢生的局面。

依照中國命理的角度來看，五行該以十天干示之，甲、乙為木，丙、丁為火，戊、己為土，庚、辛為金，壬、癸為水。

此外，熊崎氏所提出的三才五格雖有其用，但卻忽略了命理的根本，也就是要搭配八字、

五行、紫微斗數本命來看，才會有效應產生，單是套用三才五格，並無法發揮作用，就好比空有軀殼，卻無性靈，又有何生息？

故在本書當中，將以中華命理為出發點，也唯有如此，所命之名，才能真正適用於華人，進而達到開運、轉運的效果。

只計算筆劃，沒有針對八字和五行去改變，無用

在姓名學中，筆劃數之所以為人廣泛使用，是因為其理論較容易理解，對於初學者也較為容易吸收，但久而久之，卻逐漸的產生偏頗，甚至出現了以偏概全的觀念，許多人誤以為名字的好壞全繫於筆劃數的吉凶，殊不知筆劃數對姓名的影響，就如同姓名學在命理上是同樣扮演輔助性的角色。

自呱呱落地，即注定人的八字，這也就是所謂的「落土時，八字命。」

八字五行和紫微斗數命盤為天定，是伴隨一生，無法改變的，而姓名屬於後天，因此，命名首重八字五行和紫微斗數命盤，必須以其為根本，針對先天潛能予以開發，針對不足予以補強，如此一來，對其命格和後天運勢才有實質的助益。所以華人不可斷然地只用筆劃數來取名。

如姓名學的吉凶筆劃數中，三十四筆劃數為凶數，但知名藝人梁朝偉與台灣諾貝爾獎得主李遠哲都是此筆劃數；四十四筆劃的凶數也有劉德華，然而，他們三人卻在各自領域有著不凡的成就。

老子曾說：「禍兮福所倚，福兮禍所伏。」，意在說明世事無絕對，有時福禍之間，是有著緊密相伴的微妙關係。其理便可套用在上述的三位名人之中，雖是大凶之筆劃數，但若能配合對方的八字命盤，達到調和五行的平衡關係，便可化凶轉吉。

此外，同名同姓，套用在不同人身上，命運也會有所不同。記得前幾年就曾有一則新聞，在台灣的台中縣有一名叫「陳正義」的員警，巡邏時發現一部贓車故上前盤查，結果發現嫌犯的姓名竟與自己完全相同，兩人都叫「陳正義」，然而，一個身為執法者，一個卻淪落為罪犯，也說明了同名不同命的道理。

五行的正確看法

❖ 筆劃五行的正確看法

受到熊崎健翁的影響，多數人在劃分筆劃的五行屬性時，很自然地脫口唸出：1、2為木；3、4為火；5、6為土；7、8為金；9、0為水的口訣，卻不知此法過於簡化。

正統中華的筆劃的五行必須用十天干來看。天干與五行的關係即為：甲、乙屬木，丙、丁屬火，戊、己屬土，庚、辛屬金，壬、癸屬水。這才是正確辨別五行的方式。

❖ 文字五行的正確看法

文字五行的看法有兩種，一種是納音五行，另一種是用中華文化的文字定義來判別五行。

所謂納音五行，是依口腔的發音，隨著震動部位不同，來論其五行，如：木為牙音，火為舌音，土為喉音，金為齒音，水則為唇音。但此說法過於武斷，如同早期的納音算命法，尚屬雛型之概念，並無法代表天干地支的五行之說。舉例來說，「林」這字，若按納音五行來看，屬舌音，因此被歸為「火」，但就其字面來看，分明為兩個「木」字所組成，若硬將其歸為「火」，說法上實在顯得太過牽強，令人難以信服。

所謂中華文化的文字五行，就是依照每一個字的定義來判別五行的屬性。中國文字本就依循世間萬物而創造出來，絕大多數的字義本身已帶有五行屬性，其獨特性也是與其他國家有所差異的地方，如：「海」、「泓」、「雪」這些字一看就能辨認出是為「水」的屬性；「秀」、「芊」、「樺」則為「木」的屬性。

因此，在本書的論述中，將不採用納音五行之說，而是依中華文化的文字五行，依照其字義來論其五行。

◆文字五行的正確屬性，楊智宇老師貼心幫讀者分類好，請看《第十三章 精選康熙字典五行分類大全》。

◆楊智宇老師的網站提供免費的康熙字典，裡面完整說明每一個字的中華文化涵義、姓名學的筆劃數、文字五行、姓名學三才五格靈動數解釋，對你取名、改名會有幫助。

楊智宇老師算命網
繁體版網址：www.life-guide.com.tw
簡體版網址：www.life-guide.com.cn

本章教學重點

1. 為何需要改名？
2. 改名有效果嗎？
3. 改名跟年齡有關嗎？
4. 取偏名或是小名有效嗎？
5. 改名多久有效？
6. 改名要搭配什麼來算？

第二章

成人改名的正確思維

你知道台灣的台中市在二〇〇八年，每月平均有六〇〇多人到戶政市務所要求改名，其中有不少人改來改去，又改回原名，究竟什麼樣的名字會讓人一改再改？改名是否有效？又該注意些什麼？透過此章節，將一次解決你的疑問。

為何需要改名

名字對每個人而言，不單單是個符號，而是相伴一生的稱謂。

孩子落地初生之時，其名多為父母長輩所定，所命之名皆帶有他們的期盼與喜好，但隨著孩子邁入成年，有了自己的主權意識，對於名字的滿意與否，容易產生不同的見解，覺得所命之名與自身的性情、志向不符，於是又依照自己的想法重新命名。

近年來，改名逐漸成為一股風潮，政府甚至為了便於民眾，放寬了改名的限制，增加改名的次數，可謂是難得的創舉。

前兩年，台中一名男子因為身體不好，故想借由改名轉運，但因他已改名兩次，不可再依「姓名條例」第七條六項規定，因命名文字字義粗俗不雅為由，申請改名。最後只好勞煩父親將名字改為與自己相同的，再依「姓名條例」第七條二項「與三親等以內直系尊親屬名字完全相同者」規定，達成改名目的。男子順利改完名後，父親才改回原來的名字。

由此可見，改名一事，需謹慎評估，不可任意妄為，以免換了個對自身沒有幫助的名字，最後落得又要再次更名的窘境，白費苦心。

下列，筆者將本身所遇之客戶群分門別類，歸納出幾點改名的原因。

❖ 覺得名字俗氣、不雅

　　早期農業時代，因生活較為困苦，故在為孩子命名的時候，會偏愛幾個土味較濃的用字，其中，以金、土、水的出現機率最高，如金土、根土、水源等等。因為他們渴望能獲得財富，而種田之人，最重視水土保持與灌溉，故會將其期盼直接套入孩子的命名中。這種命名方式並非不對或不好，只是從今日的角度看來，顯得過於直接，稍顯俗氣。

　　此外，不雅之名，對很多人來說就更為頭痛了，如：吳仁耀、任淳雯、呂瞳智等。這類的名字雖讓人印象深刻，卻也容易讓當事者成為友人間的笑談，甚至在一些公開介紹自己的場合中，當事者會顯得彆扭、難以啟口，時間一久，對其自尊與個性都會有所影響，故不得不改名，以免去其困擾。

❖ 覺得名字太過男性或女性化

　　男性的名字取得過於女性化，女性的名字又取得過於男子氣概，兩者皆容易鬧出不少笑話。

　　就曾看過一個例子。編寫《六堆客家鄉土誌》的執筆者之一，曾秀氣先生，在求學時代，因為名字過於女性化的關係，讓就讀他校的男同學誤寫了封情書給他；原來當初男同學要寫情

書的對象為同班的女副班代，但女副班代的名字為「陸仁」，太過男性化，兩人名字剛好在字義上讓人產生性別的誤解，所以發生了這種陰錯陽差，令人啼笑皆非的窘況。

演藝圈中，也有此種例子，如藝人楊千嬅的本名為楊澤嬅，也因為名字過於男子氣，故在旁人的指點下，將「澤」改為「千」，這才免去其煩惱。

❖ **覺得名字隨處可見，台灣俗稱「菜市場名」**

在台灣，每逢大考過後，總有人喜歡憑著榜單，分析每年不同的常見名字，也就是我們所謂的「菜市場名」。

這類名字會因為時代與環境的不同，而有所差異，例如，台灣在西元一九四○～一九五○年代常見名字為：台生、建國、復邦等；到了一九六○～一九七○年左右，盛行的名字為：志明、淑惠；直到近幾年，最常見的男性名字為：宗翰、家豪、冠宇。最常見的女性名字為：雅婷、怡君、雅雯。

在香港與大陸等地也都有類似情況，如香港近幾年常見名字有：嘉欣、淑儀、嘉敏、志偉等；大陸則愛用單名，最常見的名字如：波、剛、海、勇、軍、偉等字。

同樣的名字重複率高，容易讓人有親切感產生。舉例來說，在陌生的場合中，若身旁坐了

28

位與自己親戚朋友相同名字的人，相信很快就能找到話題，減少初次見面的陌生與尷尬。

相對的，一樣的名字在同個場合出現，容易產生辨識上的問題，也缺乏其獨特性，讓人覺得很難脫穎而出，故因此改名的人也不在少數。

❖ 生肖與名字相沖

許多感到時運不濟的人也會動起改名的念頭，乍看之下，其名字的筆劃數並無可挑剔之處，但一道出其生肖，再與名字相互對照，馬上就能看出問題的癥結處，如生肖屬虎者，如果名字裡面帶有「龍」這類用字，容易有龍爭虎鬥、競爭激烈的涵義，這會讓取名的人性格起伏較大，脾氣也較火爆難控制。如生肖屬馬者，以動物的習性來說，適合在野外盡情奔跑，但如果名字使用「田」部字根，則容易讓千里馬，變成在田間耕作的劣馬。生肖屬狗者，如果名字裡面有「熊」這個字，容易讓人聯想到「狗熊」的負面涵義。生肖屬雞者，如果名字帶有「犬」部字根，則容易讓人想到「雞飛狗跳、雞犬升天」的俚語。

同樣以生肖屬虎做為例子，若命名的文字能帶入「木、林、山」這類的字根，則會讓老虎在山裡當大王。如能在命名的文字帶入「羽」部的字根，則會變成「如虎添翼」，增加老虎的威力和能量。

❖ 名字沒有彌補紫微斗數命盤的缺點

父母為孩子取名時，多會依照音義與個人喜好做為命名的方向，若是再為慎重者，則會將吉凶的筆劃數納入考量，擇一吉數；但也因此，往往忽略需針對先天紫微斗數命盤缺失加以修正。

舉例來說，若女性的紫微斗數命盤中出現夫妻宮化忌，代表在感情、桃花和家庭的經營中容易有紛擾，若其命名選用首領格吉數二十三劃，那麼未來與另一半的相處上，就會更容易發生爭執對立的局面，因為二十三劃在數理的靈動上屬於個性較為剛強的筆劃數，面對意見不合時，會產生生硬碰硬的情況，故用此筆劃對其先天命格並無修正的效果，反倒讓其感情和家庭易產生不必要的摩擦。

30

❖ 名字無針對八字、五行所缺去補足

我們常說，八字爲先天的命，名字爲後天的運，而改名就是針對先天八字所欠缺的五行元素加以補足修正，或是先天過多的五行元素予以抑止，讓五行八字能平衡發展。

五行各有代表的涵義，若八字命盤中，五行缺「火」者，在做事情上，容易缺乏積極性，亦顯得沒有活力，常常虎頭蛇尾過於萎靡，故在命名時，需補足五行缺陷，才可增加做事的熱情與積極，變得更果斷，心情也會更開朗。

◆針對紫微斗數和姓名學取名的關係，在《第九章 紫微斗數命盤與取名和改名的關係》，裡面有深入的解說。

◆針對八字、五行和姓名學取名的關係，在《第七章 陰陽、五行、八字、喜用神與取名和改名的關係》，裡面有深入的解說。

改名有效果嗎？

「改名是否真有其效用？」，這是普羅大眾最常提出的疑問。

中國人常說，「一命、二運、三風水、四積陰德、五讀書。」，而改名就是在改其「運」。

名字如同一種稱謂，隨著字義中的靈動，在不自覺中，一再地提醒著自己，久而久之，好的涵義猶如一股推動的助力，讓人朝好的遠景邁進。舉例來說，天生自信不足的人，可在取名中，適時加入：「剛」、「堅」等這類字義，助其在心態上有所調整；而容易給人高傲、疏離感的人，則適合在名字中，帶入「謙」、「禮」等字，能不斷警惕自己，相處之道，首重人和為貴。

改名的成效，除了可透過學術之說外，亦可從心理的層面去看。

我們常說「相由心生」，改名也是相同道理，透過新的名字，可除去當事者對舊名字的疑慮，讓其心境有所轉變，心理上產生自我肯定的正面能量，如此，便能帶動好的循環。

撰改一個好名，需要做多方面的衡量，此外，更名之後，亦要記得多使用新的名字，讓舊名字隨時光汰換而去，使新名字的磁場得以運轉，也可多善行積德，藉此帶動更旺盛的運勢。

綜合以上所述，改名是具有正面且積極的效用。

改名跟年齡有關嗎？

在姓名學中，改名與年齡是無所關聯的，只因人的一生，無論長幼都會有著運勢上的問題，自然也就有所需求，改名的關鍵在於本人是否認同，常使用新名字，只要有心執行，便可達其成效。

取偏名或是小名有效嗎？

「偏名」就如現代人說的「小名」；古人說的「字、號」，如：岳飛，字鵬舉。范仲淹，字希文，諡文正。一般來說，偏名是家人、親友稱呼的方式，也有點像是明星藝人的「藝名」。

在姓名學中，偏名的成效與否，出現許多不同論述，究竟何者為是，何者為非？答案其實再明顯不過，就如同明星藝人一般，有些人在更換藝名之後，突然間，事業發展勢如破竹，如自偶像劇「流星花園」脫穎而出的言承旭，剛出道時，用的是本名廖振洋，但演藝事業卻不見太大起色，直到經人指點，改為現在的名字，便接獲流星花園一角，此後聲名大噪。台語天后「江蕙」的本名為「江淑惠」，剛出道時，便透過「江惠」這個簡潔有力、具有觀眾緣的

名字闖蕩歌壇；直到推出《還鄉》專輯，正式改名為「江蕙」。「江蕙」這個名字的人格靈動數和總格靈動數都是二十五筆劃，是「美貌、藝術、才華洋溢」的極佳靈動數；就文字來看，「江」的五行屬水，「蕙」的五行屬木和火，「江蕙」這兩個字會讓五行的水生木，讓木生火，使五行的能量可以運轉順暢，並增加其機靈、智慧、和隨機應變的能力。透過江蕙多年的不斷的努力和堅持，以及好名字的加強，讓她在歌壇保持旺盛的人氣和唱片銷售。

由此可見，偏名同樣有其效應存在，只是影響的程度會有所不同，正如藝人所取的藝名在發揮上，就會來得比常人更為顯著，原因就在於他們是公眾人物，一般影迷、歌迷所喊的都是他們的藝名，隨著認識他們的人越多，產生的靈動力也就越大，影響自然也就最為明顯。

改名多久有效

在姓名學上，新名字與舊名字的交替，是需要一段時間才能轉變過來。快則三個月，慢的一至兩年都有，每個人皆有所不同。

快慢的差異性可分為兩點；第一是當事者對新名字的認同度，如果新名字使用率高，運勢也就轉換的越快；假使本身對新名字的認同度不夠，或是連周遭的親友都用原本的名字稱呼，其改名成效自然無法顯著。

改名要搭配什麼來算

改名就如同命名一般，需同時環顧其八字命盤、紫微斗數、字義、五行、生肖及數理的筆劃數來決定。

上述為改名的基本學術命理，但成人改名也可將個人的志向及抱負融入命名之中，如中國現代寫實主義繪畫大師徐悲鴻先生，原名為徐壽康，幼時因家境貧寒，無法進入學堂接受正規教育，時而遭遇旁人的冷眼相待，感受到不少人情冷暖，不禁悲從中來，便因此改名為「悲鴻」，以此二字激勵自己在悲痛的困苦中奮發向上，日後他不負自許，在繪畫的領域闖出名號，成為一代國畫、油畫藝術大師。

法帶起正面效應。

此外，需注意，改對名字才能有好的效果產生，若重改之名仍無法針對其命盤調整，亦無

第二，則是與個人的修為、福德有著連帶關係；平時多做善事者，其福報自然能加快新名字磁場的運行，反之，則需耗費較長的時間。

本章教學重點

1. 盼望孩子健康長壽。
2. 期待孩子的品格高尚。
3. 父母對孩子個性的希冀。
4. 期盼孩子能有聰明才智。
5. 父母對孩子人生追求及作為的期盼。
6. 希望孩子人生順利。
7. 依祖譜輩份而定。
8. 依花草植物又或飛禽、瑞獸而定。
9. 依天象、時令而定。
10. 依感念恩惠而定。
11. 依仰慕的古聖先賢之士而定。

第三章

寶寶取名的基礎思維

名字是父母給孩子的第一份禮物，這份禮是好或壞，就看父母從何角度出發去命名。此章節將提供十一個常用的寶寶取名方式，讓你激盪出不同的取名方向。

盼望孩子健康長壽

每個孩子都是父母的心頭肉，尤其，今日的社會發展已逐漸偏向少子化，絕大多數的家庭只會育孕一到兩個孩子，相對的，對於孩子未來的發展，為人父母者也就更加的謹慎與重視，甚至在寶寶呱呱落地前，其父母已經替孩子擬好未來的規劃，織就一張美好的藍圖。

如同開章所言明，雖然名字無法改變先天的命，卻可影響其後天的運，為寶寶取個好的名字，是能讓孩子受用一生的。

在寶寶的命名上，除了先前章節所提到的八字、五行、紫微斗數、生肖及靈動數這些專門的學術外，為人父母也可透過其他的思考方向一併融入命名中。本章將歸納出實用的寶寶取名方向，供讀者參考。

孩子的健康，對為人父母來說，絕對是最為重要的。許多父母不在意孩子將來是否有非凡的成就，或富貴的生活，只希望孩子能夠平安健康的長大。

多數身體強健者，其年歲壽命也往往來得比旁人久長，是故，健康與長壽有著緊密不可分的關係。

提及長壽，我們時有所聞的祝賀用詞，松鶴延年、松鶴遐齡、龜鶴大椿、松柏長青等，不

期待孩子的品格高尚

我們評定一個人的成功與否，除了外在顯著的成就，更會針對其品格，仔細品頭論足一番，只因這樣的觀念早已深植人心。

孔孟之道為中國自古以來最為推崇的中心思想，歷來的史詩記載，不難看出古人在品格上面的要求極為甚嚴，為求君子正道，孔子曾說過，「君子有九思：視思明，聽思聰，色思溫，貌思恭，言思忠，事思敬，疑思問，忿思難，見得思義。」，以此九思立身，是為人君子者需注意的地方。

關於人格、品性這類的字義，如：忠、孝、仁、信、義、和、平、儉、禮、廉、恭、謙、

甚繁數；由此，也不難看出，古人習慣將松、柏、鶴、龜、椿這幾字作為長壽的象徵。用此類字義命名的人也不在少數，如：南北朝的范柏年、唐代的李龜年、清代的牛鶴齡，其中，最讓人耳熟能詳的，莫過於聊齋誌異的作者，蒲松齡；而除了這類正面寄予寓意的命名方式，也有不少是反其道而行，例如，漢代名將霍去病，便是個例子。

不論命名的走向是正或反，其目的都是希望孩子能有個健康的身體，這樣的期盼看似平凡無奇，對孩子來說，卻也再實際受用不過。

誠等，皆屬中華固有的美德，實際套用上：如國忠、忠義、守義、守禮、守訓、子謙、嘉誠等。

此外，對於品格的要求，有時不單是父母長輩，也有自身因此而改名的學者，如朱自清先生。

朱自清本名為朱自華，為勉勵自己身處困境而不失其志，保持清白，不與人同流合污，便自《楚辭‧卜居》中，寧廉潔正直以自清乎這句話，取其「自清」二字，改名為朱自清，而其字「佩弦」，出自《韓非子‧觀行》：「西門豹之性急，故佩韋以自緩；董安于之性緩，故佩弦以自急。」，所以「佩弦」二字其意為弓弦拉滿呈現張弓的狀態，性緩者佩之以自警。

父母對孩子個性的希冀

我們常說一個人的個性關乎一生的成敗，這句話即表明個性的好壞是極具影響力的。

但在性別上，個性的要求卻又有所不同，譬如說，我們會喜歡女子多為柔順，所以喜歡在取名上，盡量帶有：淑、依、嫻等相關用字，但此類用字若套用在男子身上，則顯略欠膽識，故在個性的期盼上，男女需劃分開來。

就男孩來看，如果父母希望孩子能在性格上彰顯其企圖心、遠見、及謀略，那麼取名時，

40

期盼孩子能有聰明才智

聰敏的孩子，在成就上通常較他人更為出色，因此父母自然會希望孩子在天資上能比一般孩子更為優異，所以也能常在名字中看見父母對孩子的期許。關於聰明才智的文字，常見的有：聰、敏、穎、睿、明、智、謀等字，套用在實際的命名上，則有「敏華、睿傑、廣智、博智、忠謀」等。這類名字都彰顯出父母對孩子資質的期盼，也希望透過名字將孩子的天賦和潛能徹底發揮出來，在事業上有所作為。

可以加入：毅、剛、強、堅、志、勇、偉等，去強化孩子的信念和自信。這類的名字在演藝圈常見的有：梁朝偉、杜德偉、陸毅等。

對於女孩子的個性上，多數觀念會喜用彰顯女性特質的用字，例如：靜、淑、秀、雅、慧、惠、蕙、柔、文、巧等。其中，而這些字義又常被互相組合，如：**雅慧、惠欣、靜文、巧柔**等。演藝圈中的，**賈靜雯、陳慧琳、蔡健雅**等，都是依這些字義而命名。

個性有部份是與生俱來，但也有絕大部份是跟其生活的環境有關，良好的性格能為自身招來好的人緣，也相對討喜，照應下，在事業上獲得貴人提攜的機會也就來得比旁人多，因此，我們也可多從此處多花些心思，為孩子命個好名。

父母對孩子人生追求及作為的期盼

依照聰明才智取名的範例很多，例如：宋代詩人「向敏中」、民初音樂家「馬思聰」、影視明星「張智成、張智霖、莫少聰、林志穎、張敏、柯以敏、周慧敏」等。

古有云：望子成龍、望女成鳳。每對父母對子女人生未來的發展，總會懷抱希望與期待，有的期盼子女能夠在事業上有所成就；有的則是期盼孩子能嚴以待己、寬以待人，注重個人修維；當然，也有的是重視在物質層面，希望孩子能享有優渥的物質生活。

古代名人之中，有不少是以此為名，如：岳飛，字鵬舉。曾國藩，字伯涵。康有為，字廣廈。這類赫赫有名的人物，其名字中的寓意都有著建功立業的遠大理想。

希望孩子人生順利

人一生所需遭遇的風浪無數，美國知名上將，麥克阿瑟留給兒子的祈禱文中，就曾有這麼一段話：「願你引導他不求安逸、舒適，相反的，經過壓力、艱難和挑戰，學習在風暴中挺身站立，學會憐恤那些在重壓之下失敗的人。」

這樣的一番話，彰顯其軍人的天性，但現今多數的父母，心裏總是希望孩子的一生能夠風平浪靜、平安順利，因此在命名上，我們時常能見到一些示意吉祥的用字，如：安、康、逸、平、安、順、泰、吉、祥、亨等等。其套用在命名上，常見的有：平安、保泰、吉祥、永順等。

這類的名字，就如同爲人父母對孩子的一道護身符，希望透過這樣的祝福，孩子便能永保安康，人生路上一帆風順。

依祖譜輩份而定

古人常以輩份命其名，而依照輩份又可分爲兩種，一是按照家裏排行，二是依照祖譜輩份。

按照家中排行，最爲有名的，莫過於三國時期的「司馬八達」，其八位兄弟的字號分別依伯、仲、叔、季、顯、惠、雅、幼排序而下，老大「司馬朗，字伯達」；次子「司馬懿，字仲達」；再者爲，「司馬孚，字叔達」、「司馬馗，字季達」、「司馬恂，字顯達」、「司馬進，字惠達」、「司馬通，字雅達」、「司馬敏，字幼達」。

而照祖譜排名，則是依父輩直系血親命名，如已故的蔣介石先生，本名爲蔣瑞元，其祖

譜輩份爲：瑞、國、孝、友、得；故其後代取名排序爲：（經國、緯國）→（孝勇、孝章、孝文、孝嚴、孝慈、孝武）→（友松、友柏、友常、友青、友蘭、友捷、友涓）→（得忻、得曦、得勇）。

此類按輩份命名方式則有承先起後之意，提醒後代子孫不可數典忘祖，有其寓意存在，故今日仍常見此命名手法。

依花草植物又或飛禽、瑞獸而定

古代風雅之士，多爲惜草愛木之人，移情作用下，將對花草樹木的喜愛一併帶入命名的風氣之中。

舉例來說，梅、蘭、竹、菊、松、柏、蓮、桂這幾字常被帶入名字，常見的名字有：曉梅、慧蘭、菊生、長松、友柏、愛蓮、詠蓮、桂英等。現代也有不少以此命名的影視歌星，如：趙薇、孫楠、林憶蓮、潘瑋柏等。

除了適時帶入部份字義，更有的是將花名直接命爲其名，如：玫瑰、芙蓉、牡丹、水仙等，多爲女性命名才會用到。

此外，也不難看見名字中適時帶入一些飛禽、瑞獸等，常見用字有：燕、鷹、龍、鳳、鶴

等。套用在命名上，古代：趙飛燕、呂雉、趙子龍。現代則有：成龍、孫燕姿、黃鶯鶯、李亞鵬等。

此類的名字若能搭配得宜，則能顯得詩情寫意，讓人印象深刻；反之，則容易讓人貽笑大方，故需要審慎考量。

依天象、時令而定

按照天象、四季，又有許多不同的變化可讓人作為參考，而此類命名方式，又不失其雅緻，且饒富詩意，廣為大眾所使用。

依照天象其常用字如：日、月、星、辰、雪、雨、霜、風、雲、霞、虹、寒等。在命名上，古代有：趙雲、胡雪巖。現代則有：張雨生、吳辰君。

一年四季又分為十二個月份，故在命名上，有很多不同的變化可讓人作為參考，依照四季化分，可取名為：孟春、仲夏、季秋、孟冬。當代影視歌星透過四季取名的範例有：陳小春、李宇春、黃秋生、鄭少秋等。

依月份又可化分為：端、花、桐、梅、蒲、荔、瓜、桂、菊、陽、葭、臘，故又可取名為：雪桐、伯陽、蒲生等。

依感念恩惠而定

中國歷來以孝傳家，重視飲水思源，故在命名上，會適時的將父母或是長輩的養育恩惠融入其名，提醒著為人子女莫忘父母恩。這類的名字如：「孝嚴」、「孝慈」、「念祖」、「懷祖」、「尚恩」、「永承」。

此外，以「太極」聞名的雕塑家朱銘，其本名為朱川泰，「銘」這字，是其恩師楊英風先生後期為他所改，「銘」這字響亮且簡單，是希望放眼世界都能記住此人，對朱銘來說也是一個新的開始，是要他走出從前所設之格局，邁入另一嶄新階段，也不忘提醒著他，將昔日老師的恩情「銘」記於心。

依仰慕的古聖先賢之士而定

古今中外名人雅士不計其數，在歷代聖賢的史事記載中，難免於當時的賢能之人產生仰慕崇拜之意，而這份慕情，也就自然而然的成為命名的一個方向。

這類的命名方式又可分為兩種，一種是直接套入所敬之人的名字，如戰國時代有名的政治家藺相如，其生平事蹟透過史記列傳讓不少人心生仰慕之意，是故，在他之後，有不少追隨者

以此命名，如漢代的司馬相如、宋代有馬相如、清代也有鄭相如。

另一種，則是將慕情透過字義再搭配上先賢的名字而命，如對先賢的景仰可用：尊、敬、若、如、學、則、同、效、景、仰、從等字義。搭配先賢的名字後，則能命名如，敬淵、若雲等。古往今來，依此命名的人，如：杜若甫、顏慕淵、張學良等。

本章教學
重點

1. 取名的選字要領:文字有意義。
2. 女性命名選字的說明。
3. 男性命名選字的說明。
4. 選字要避免的地方。

第四章

取名選字的要領、文字的涵義和喜忌

女子名字中帶有「嫣」、「蝶」可招來桃花;

男子姓名帶有「旭」、「晨」則能招來貴人相助。

文字的字義對於姓名的好壞影響究竟有多大?

透過此章節,對於名字的用字,你將有新的瞭解與認知!

取名和選字要領：文字有意義

取名時，除了考慮命理的因素以外，文字的選擇也格外重要，現代人普遍都接受過良好的教育，對於字義上的理解也就更為透徹。

命名所選用的文字，需要文字本身具有涵義，不可為了命盤、三才五格、八字、五行等，隨意的找字填充，失去原有的本義。

此外，中國文字博大精深，有時看似相近的文字，其意義卻截然不同，舉例來說，「研」、「妍」這兩字，差別在其部首，但「研」這字的涵義有鑽研之意，而「妍」則有美好、美麗之意；今日，若有父母為女兒命名，兩字之中，必定會選「妍」這字，因為多數父母都會期望女兒能有好的容貌。

≫ 楊老師貼心建議：

對於初學姓名學的讀者，如果對於文字的掌握程度不高，可以透過字典的查詢，讓自己了解每一個字的涵義和相關辭組，就能選擇適合自己的好字，並且避開寓意不佳的文字。

50

女性命名選字的說明

此章節可搭配第三章，寶寶取名的基礎思維一併參考，對於選字的掌握，將有所幫助。

※以下為文字的字義及筆劃數，若需套用在命名之上，仍要配合八字、紫微斗數命盤、五行、生肖等一併參考。

❖ 溫柔婉約的字義

個性溫和且柔順，具女性特質，不喜與人爭論，事事順著對方。若希望孩子具有此種個性，可選用此類文字。

芸（10）：生性順從，為人隨和不矯情。

娟（10）：善解人意，似水一般的溫柔，家庭能得融洽。

蕙（18）：心地柔軟，具有高雅的品德，光芒內斂而不外露。

永（5）、玉（5）、平（5）、竹（6）、安（6）、宛（8）、柔（9）、芳（10）、茉（11）、婉（11）、卿（11）、茹（12）、棠（12）、蓉（16）

❖ **端莊嫻靜的字義**

文靜秀氣，氣定神閒中帶著一份堅定，與人相處不易交惡。此類字義皆予人高雅之觀感，若期盼孩子的氣質出眾，則可參考此處。

慈（13）：心胸開闊且柔軟，為人較感性，容易受到感動。

儀（15）：自身要求較高，對待旁人卻不因此而有所荏屬，反倒寬厚。

藹（22）：為人柔順，待人處事謙和有禮，不失分寸。

方（4）、貞（9）、珍（10）、桂（10）、淑（12）、琇（12）、淳（12）、荷（13）、鈺（13）、綸（14）、瑛（14）、靜（16）、蕙（19）、韻（19）、蘭（23）

❖ **面貌秀麗的字義**

女子天生對容貌的要求與盼望總是來得比男性高，父母若對孩子的外在條件較為重視，可參考下列文字。

妍（7）：有清新脫俗之姿，不因先天條件美好而有所嬌氣。

娜（10）：女子面貌姣好，身材美妙的樣子。

薇（19）：外在嬌豔動人，舉手投足間皆散發魅力，但為人較易顯高傲。

彤（7）、妤（7）、秀（7）、美（9）、姿（9）、娉（10）、庭（10）、倩（10）、媛（12）、喬（12）、莎（13）、鎂（17）、黛（17）、蕎（18）、麗（19）

❖ 詩情寫意的字義

此類用字，意境幽美，令人印象深刻，但也容易讓人覺得難以親近，易有隔閡感。

嵐（12）：如霧氣瀰漫於山間，若隱若現，顯得飄忽難以掌握。

蓮（17）：出塵脫俗，不受外在因素所影響，能保有自身純淨的本質。

霜（17）：不輕易妥協，行事有所堅持，略顯冷漠，有疏離感。

朵（6）、芹（10）、花（10）、芝（10）、芙（10）、芷（10）、苡（11）、雪（11）、寒（12）、茜（12）、楚（13）、詩（13）、楓（13）、霏（16）、薰（20）

❖ 人緣的字義

人緣間接會影響到貴人運，保持良好的人際關係，自然能招來貴人提攜照顧，做起事來也

有事半功倍之感。

采（8）：光采奪目，有名聲，能得眾人喜愛。

萱（15）：伶俐可愛，有點古靈精怪，卻討人歡喜。

蘋（22）：為人處事圓通，笑顏甜美不時引人目光，易成為焦點。

水（4）、好（6）、佩（8）、宜（8）、怡（9）、柚（9）、芬（10）、晏（10）、悅（11）、琍（12）、琪（13）、圓（13）、馨（20）、露（21）

❖ 活潑慧黠的字義

此類字義多為活潑外向之人，思緒轉動快，個性也極為鮮明，時有令人咋舌的點子出現。

巧（5）：生性樂觀，思緒清楚且靈活聰慧，動靜之間拿捏得宜。

婕（11）：適應能力強，反應敏捷，兼具感性柔情惹人憐愛。

需（15）：外向活潑，充滿蓬勃的朝氣，為人處事能廣結人緣。

佟（7）、伶（7）、汎（7）、芃（9）、盈（9）、芊（9）、敏（11）、晴（12）、琦（13）、鳳（14）、葳（15）、燕（16）、穎（16）

❖ 才華洋溢的字義

具有個人主見，才華出眾，若命盤中有文昌、文曲，可搭此類用字，更能將本身獨具之才藝徹底發揮。

瑜（14）：聰明過人，理解力強，亦可獲得名氣。

嘉（14）：除才華之外，同時兼具口才，得人喜愛。

臻（16）：思慮周全，受人推崇，對任何事物都要求盡善盡美。

羽（6）、辰（7）、汶（8）、佳（8）、品（9）、思（9）、彩（11）、慧（15）、翊（11）、御（11）、雅（12）、熙（13）、琴（13）、綝（14）、蔚（17）

❖ 帶有桃花的字義

若是天生命盤缺乏桃花者，可依下列文字作為命名考量，但若命格已有桃花者，則需避免使用，以免桃花過多，易形成爛桃花。

虹（9）：頭腦機伶敏銳，為人八面玲瓏，擅長經營人際關係，故有良好的人緣。

蒨（16）：清新亮眼，具異性緣，能在無意中吸引眾人的目光，成為焦點。

男性命名選字的說明

❖ 溫文儒雅的字義

男孩子天生好動，不喜靜，若期盼孩子能靜下心，專注在功課與目標，可依下列字義作為考量。

博（12）：學富五車，涉獵層面廣泛，行事不會躁進莽撞。

敦（12）：為人敦睦和善，重義理、守禮節。

謙（17）：溫和有禮，不浮誇，成就越大則越懂得自謙。

仁（4）、中（4）、孝（7）、良（7）、孟（8）、周（8）、信（9）、彥（9）、原（10）、恩（10）、軒（10）、書（10）、章（11）、彬（11）、閔（12）、儒（16）、學

蓓（16）：外型甜美，待人處事和藹可親，能得人緣與桃花。

妃（6）、雨（8）、沛（8）、姍（8）、春（9）、香（9）、姬（10）、媚（12）、茵（12）、婷（12）、紫（13）、愛（13）、嫣（14）、蝶（15）、嫵（19）、鶯（21）

（16）、霖（16）

❖ 剛毅果決的字義

此類文字自主性較高，做任何決定都不喜假他人之手，但在人和方面需要多加注意。

堅（11）：自我意識高，不輕言妥協，對任何事物都能貫徹到最後。

霆（15）：為人公正不阿，是非善惡心中自有一把尺，對於品行格外要求。

權（22）：堅忍不拔，能受人重用，借由職掌的權利，能開拓遼闊的疆土。

君（7）、克（7）、金（8）、定（8）、威（9）、軍（9）、勁（9）、剛（10）、偉（11）、將（11）、強（11）、欽（12）、勝（12）、龍（16）、韜（19）、霸（21）、懿（22）

❖ 才華洋溢的字義

與女性的才華用字相近，但有些字則有男女之別。

哲（10）：有旺盛的求知慾，對於任何事物都有著鑽研的興趣。

樺（16）：根基穩固紮實，巧富機智，一身才氣縱橫無阻。

驥（26）：思緒清楚且饒富睿智，行事敏捷迅速，能展鴻圖。

文（4）、旻（8）、英（11）、森（12）、傑（12）、智（12）、新（13）、創（12）、琛（13）、資（13）、華（14）、翰（16）、叡（16）、聰（17）、璨（18）

❖ 胸懷大志的字義

此類字義皆有成就大格局之意，若有舞台發揮，則能發光發熱。

宇（6）：內在充實飽滿，對於未來的格局發展，不會劃地設限。

陞（15）：做事循序漸進，能獲貴人器用，平步青雲。

鵬（19）：志高氣昂，如大鵬展翅，所望之視野幅員遼闊。

升（4）、弘（5）、仕（5）、宏（7）、杰（8）、爲（9）、建（9）、冠（9）、展（10）、邦（11）、浩（11）、凱（12）、雄（12）、發（12）、翔（12）、揚（13）、豪（14）、廣（15）、興（15）、勳（16）、鴻（17）、騰（20）、鷹（24）

❖ 穩重踏實的字義

除了行事腳踏實地之外，套用此類字義之人，心胸多為開闊者。

崧（11）：器度宏大，生性沉穩不衝動，亦有不錯的名聲。

鼎（13）：為人不輕浮，實事求是，不喜信口雌黃，屬於一步一腳印之人。

譽（21）：腦筋靈活轉得快，會依循正道而行事，言行舉止皆有所要求，不會偏頗。

山（3）、立（5）、行（6）、全（6）、守（6）、均（7）、岱（8）、岳（8）、培（11）、堂（11）、基（11）、理（12）、棋（12）、竣（12）、嵩（13）、榆（13）、碩（14）、維（14）、臺（14）、毅（15）、樹（16）、勵（17）、嚴（20）

❖ 光耀門楣的字義

喜用此類字義者，多為祖上擁有豐厚家業，希望後輩子孫能保持興盛之貌，又或，再創巔峰。

宗（8）：傳承祖輩良好的風範，能在固守本份之餘，創新幅員，再次發揚光大。

遠（17）：獨樹一幟，思慮周全且完善，其作為能恆遠流長。

耀（20）：光明之象，為人積極上進，所獲之成就不凡，令祖上備感光榮。

日（4）、功（5）、光（6）、名（6）、典（8）、承（8）、祖（10）、晉（10）、最（12）、朝（12）、景（12）、暉（13）、傳（13）、彰（14）、輝（15）、繼（20）、

❖ 平安順心的字義

對於富貴不過於奢求，只期盼人生道路能一帆風順者，可依下列字義參考。

安（6）：名祿無所求，生活無憂慮，只求淡泊渡日。

泰（10）：順遂昌平，無太大的起落，在平穩之中求得名祿。

寧（14）：心境如同一池無風擾亂的湖水，平淡且踏實。

友（4）、平（5）、民（5）、合（6）、吉（6）、佑（7）、保（9）、祐（10）、祥（11）、康（11）、翊（11）、清（12）、福（14）、禎（14）、樂（15）、德（15）、達（16）、寶（20）、

❖ 能有貴人的字義

此類用字與女性的人緣用字有相近之意。

昕（8）：意味旭日東昇，有光明之意，有利事業上的發展。

暢（14）：心胸開懷，面對任何情況都能保有豁達的態度面對。

曉（16）：對於事物的理解力強，能迅速掌握方向。

日（4）、旭（6）、昇（8）、明（8）、昱（9）、倖（10）、育（10）、晨（11）、富（12）、善（12）、舜（12）、詮（13）、福（14）、誠（14）、賢（15）、澤（17）、豐（18）

選字要避免的地方

❖ 避免使用冷僻、艱深的字

為了顯示名字的獨特，有些父母在命名時，喜歡選用一些冷僻、艱深的文字，但此類名字反倒容易成為孩子日後人際關係上的困擾。

舉例來說，「童」這字與「偉」同音，雖說其字的涵義象徵孜孜不倦的學習態度，但筆劃數過於繁複。從文字的外觀上，也讓人難以聯想其讀音，縱使涵義再好，卻容易造成日常生活的不便，畢竟，很少人會花費心思去研究一個與自己無利害關係的人；而對於臉皮較薄的人來說，可能會因爲害怕叫錯對方的名字，乾脆放棄結識的機會。

由上述可知，選擇太過冷僻或艱深的文字，對被命名者的人際關係與事業發展，都沒有正面的幫助，故需盡量避免。

❖ 避免使用兵器名稱當作名字

使用兵器名稱當作名字，會讓旁人感到壓力與不自在。兵器名稱的名字會讓人變的逞凶鬥狠、人緣差、暗藏血光、大動干戈，不是傷人，就是害己，應儘量避免使用。常見的兵器文字，通常都帶有「刀」、「戈」、「弓」的部首，刀部如：刺、劍等；戈部如：戡、戳、戟、戴、戢等；弓部如：弩。

特別注意，有些文字雖具有兵器的部首，但它的字義是好的，這類文字仍然可以使用在取名上。例如：芬、弘這兩字雖分別屬於刀、弓部首，但「芬」字意味香氣，比喻「好名聲、好德性」；而「弘」，則代表「廣大、發揚」的正面的涵義。所以在選字時，除了看部首之外，仍要注意文字的涵義是否正面，才不致以偏概全。

62

❖ 忌用拗口的字

命名名字的選字上，除了形、義外，音也極為重要，文字中需兼顧其抑揚頓挫，但又不可過於饒舌。

舉例來說，如：汪為文、楚儲承，這類讀音在發音上都容易顯得拗口。

此外，名字的發音是否響亮好聽，其聲調為其關鍵，漢語聲調如下：

陰平，台灣標點符號「不標示」，即注音聲調的第一聲。

陽平，台灣標點符號以「ˊ」示之，即注音聲調的第二聲。

上聲，台灣標點符號以「ˇ」示之，即注音聲調的第三聲。

去聲，台灣標點符號以「ˋ」示之，即注音聲調的第四聲。

輕聲，台灣標點符號以「˙」示之，即注音聲調的第五聲。

若全名的發音皆為同聲之字，如：王微臨，這樣的名字在發音上略顯單調，缺乏音律之感，應需避免。

❖ 忌用令人產生陰陽顛倒的字

自古以來，男女皆以陰陽區分，在命名的用字上，部份文字有姓別之分，有的適合男性使

用，有的則較襯女性特質；若把兩者套錯命名，則容易產生陰陽顛倒的錯覺。

若女性命名，選了過於陽剛的文字，則不利感情發展，會間接影響其姻緣，如：建、剛、偉、國，這類文字讓人直覺與男性作為聯想，套用在女孩子上，顯得太過剛強。

反之，男性的命名上，若套用彰顯柔弱類的字義，易予人過於斯文，難有作為的觀感，

如：秀、淑、馨、玫、靜等。

❖ **避開負面、貶義之字**

如前面章節所述，命名多為寄寓美好的涵義或遠景，又或能激勵對方，給予正面的能量。

所謂的負面、貶義的字，包括如下。

屈：帶有屈就、屈服於人膝下之意。

蒼：令人覺得前途一片荒蕪，有幾分淒涼。

孤：求助無援，內心孤寂，卻又無處可訴。

這類文字讓人容易產生心灰意冷之感，對人生方向沒有積極、鼓勵的幫助，亦無法彰顯其

鬥志，應儘量避開。

❖ 用字避免節構失衡、頭重腳輕

在名字的組合上，應避開文字排列不穩的局面，若名字用字，頭重腳輕，其為人處事上，又怎能踏實平穩？

舉例，盛一鳴、盛鳴一，這兩個名字在文字的排列上，都讓人覺得輕重失衡，缺乏美感，應該儘量避開此類情況。

❖ 避免使用過於空靈、虛無飄渺的字義

取名應避免太過不切實際的文字，否則，以此為名者，人生容易沒有方向及目標，與人相處，易產生隔閡，無法融入人群的話題，導致越來越孤僻。如：玄、空、虛、嵐、煙、霧等。

此外，如：聖、潔、帝這類具有神聖意味的字也需儘量避開，易產生神聖不可侵犯之感，對其人際關係也會有所影響。

❖ 需避開不好的諧音

高雄市曾有一所醫院的護理長，名字叫作余斯光。據她本人表示，小時候，周遭同學不是

喊她余死光，就是撕光光、余輪光這類不好意頭的綽號，而她的運勢也果真不太順遂，除了大大小小的意外不斷，出社會後，面試也屢遭碰壁，其名多少讓人覺得觸霉頭，直到出了一次大車禍，差點連命都賠了進去，她才終於決定改名。

由此不難看出，不好的諧音，除了在生活上易產生許多困擾，更甚者，還會造成一些災害。

此外，取名也需避開與「衰」、「雖」同音的字，如：綏、荽、睢、浽等字。又或者，一些從字面上看去，其寓意是好的，但諧音卻令人有不好之聯想，如「博才」，聽起來就像是「破財」。

命名後，不妨反覆多唸個幾日，再作最後的定奪，如此一來，可將此類情況避免到最低。

本章教學
重點

1. 繁體字與簡體字的取捨。
2. 數字筆劃數正確算法。
3. 部首筆劃數和文字筆劃數的正確算法。
4. 姓名學三才五格和靈動數的定義與解說。
   ・天格靈動數　・人格靈動數
   ・地格靈動數　・外格靈動數
   ・總格靈動數

5. 三才五格實際範例。
   ・單姓複名：周杰倫、甄子丹
   ・單姓單名：利菁、趙薇
   ・複姓單名：公孫策、諸葛亮
   ・複姓複名：歐陽菲菲、司馬中原

第五章

姓名學三才五格解說、姓名學筆劃數計算方式

繁體字與簡體字究竟該如何抉擇？

身為華人，你或許知道中國文字的筆劃數該如何計算，但你確定從姓名學的角度來看，筆劃的算法也是一樣嗎？如果告訴你「九」、「芊」這兩個字，都是九劃，你能看出其中原由？

你知道什麼是姓名學的三才五格和靈動數？它們跟你的名字有何關聯？又各自主宰你何種運勢？

此章節將透過實際的例子，教你如何計算姓名的五格靈動數。

本章節將完整說明姓名學繁體字和簡體字筆劃數的計算方式、姓名學的靈動數，姓名學的三才五格和靈動數的關係，並且透過實際的姓名範例讓讀者了解姓名學取名的來龍去脈。讀者只要依照本節的說明，並且用自己的名字去計算，就能很容易了解姓名學的取名基礎。

繁體字與簡體字的取捨

取名字的筆劃數很重要，因為不同的筆劃數會影響姓名學三才五格的靈動數配置。要用正確的筆劃計算，才會對取名有正面的幫助。今日華人的文字有簡體字和繁體字，但在姓名學中，實際的筆劃數計算方式需要依照康熙字典中的正體字為主，也就是我們所謂的繁體字，這其中的原由，我們可從文字歷史的發展窺知一二。

自秦始皇下令頒布「書同文」政策，統一文字後，正體字發展至今已橫逾千年之久，相較之下，簡體字的發展不到一甲子，若論兩者的影響力，簡體字的靈動影響力尚無法超越正體字，仍需時間的淬煉。

故現今的姓名學中，靈動的筆劃數仍是依照正體字為主，如：「数」得依「數」來計算，「灵」得依「靈」來計算，為二十四劃。

故正確的筆劃數應為十五劃；

68

數字筆劃數正確算法

姓名學中的數字筆劃數得依其代表的數字來計算。完整的數字筆劃計算方式，如下表所述。

「一」字	一劃	「二」字	二劃	「三」字	三劃	「四」字	四劃
「五」字	五劃	「六」字	六劃	「七」字	七劃	「八」字	八劃
「九」字	九劃	「十」字	十劃	「百」字	六劃	「千」字	三劃
「萬」字	十五劃						

>> 楊老師貼心建議：

「百」、「千」、「萬」這三個筆劃計算單位，則需要依文字本身的筆劃計算。

部首筆劃數和文字筆劃數的正確算法

姓名學的文字筆劃數依照標準國語字典的筆劃數來計算，不是用手寫的筆劃數計算。正確的姓名文字筆劃數的計算方式就是「部首筆劃數」，加上「除了部首以外其他剩餘文字的筆劃數」。舉例來說，「鎮」這個字是由「金部」加上「真」所組成，所以鎮的筆劃數計算是「金部8劃」，加上「真字10劃」，合起來就是18劃。「獨」這個字是由「犬部」加上「蜀」所組成，所以獨的筆劃數是「犬部4劃」，加上「蜀字13劃」，合起來就成17劃。

中華文字的變化性很廣，有時只看文字較難了解部首和筆劃數的關係，為了讓讀者能快速掌握重點，筆者特別收錄取名時容易混淆的部首，提供讀者參考。

部首正確筆劃數一覽表

部首	文字	正確筆劃	例字	部首	文字	正確筆劃	例字
「氵」字	水	四劃	汝、汎、淑	「忄」字	心	四劃	忻、怜、恬
「扌」字	手	四劃	抒、拓、拾	「犭」字	犬	四劃	狄、猛、猗
「礻」字	示	五劃	祈、祐、祖	「王」字	玉	五劃	玫、玦、玲
「衤」字	衣	六劃	衿、裕、褚	「罒」字	网	六劃	罔、罕、羅

字	部首	劃數	例字	字	部首	劃數	例字
「月」字	肉	六劃	胡、育、胥	「艹」字	艸	六劃	芬、芮、芷
「辶」字	辵	七劃	迅、迪、逸	「阝」字	邑	七劃	邦、邵、邱
「阝」字	阜	八劃	陳、隆、陽				

舉例來說，「汝」這字，就一般大眾的印象，會分為「氵」與「女」來看，「氵」為三劃，「女」為三劃，總數為六劃；但在姓名學中，「汝」這字，需視為「水」與「女」兩字，「水」為四劃，「女」為三劃，因此該以七劃來算。同理印證，「芊」，則為「艸」六劃、「千」三劃，故為九劃計算。

需特別注意的是，有時乍看文字會弄錯部首，因產生混淆而導致筆劃計算錯誤，如：「鴻」這字就以十七劃計算，因為這字為「鳥」部，而非「水」部；「酒」這字屬「酉」部，並非「水」部，故為十劃。

≫ 楊老師貼心建議：

想要進一步了解姓名學筆劃的計算方式，可以先從自己的名字開始，如此便能更容易進入下面各章節的內容，對你的學習有幫助；也建議讀者們，若無法確定部首的筆劃數該如何計算，可透過市面上的國語字典，視文字的部首歸納，便可清楚計算出正確的姓名筆劃數。

姓名學三才五格和靈動數的定義與解說

姓名學的基礎就是三才和五格，其中又以五格的重要性最高。透過姓氏和名字的筆劃數，就可推算出三才五格靈動數。不同的靈動數字，代表著不同的能量，好的靈動數可以讓你改善先天的不足、增添其光采；不好的靈動數會讓你在追求目標的過程當中，遇到較多起伏和阻礙。本章節會教導讀者姓名學五格和靈動數的計算方式，並且將用「李連杰」這個名字當做範例，引導讀者學習。

```
          ┌─ 1 ─┐
   外格    │ 李 7 ├─  天格 8
    9      │ 連 14├─  人格 21
          │     │   地格 22
          └ 杰 8 ┘
        29 總格
```

李連杰的姓名學三才五格靈動數

★姓名學的五格定義。

【天格】：天時。

【人格】：人緣、個性、人際關係、貴人提拔。

【地格】：家庭、戀愛桃花、感情婚姻、子女、晚輩。

【外格】：住宅關係。

【總格】：一生運勢。

第五章◎姓名學三才五格解說、姓名學筆劃數計算方式

上表說明「李連杰」的筆劃數和五格靈動數。以文字的筆劃數來看，李是7劃，連是14劃，杰是8劃；以姓名學的五格靈動數來看，李連杰的天格靈動數爲8，人格靈動數爲21，地格靈動數爲22，外格靈動數是9，總格靈動數是29。

靈動數一共有81種，每個靈動數都有對應的吉凶解釋，完整的81靈動數解釋，請見第六章：八十一筆劃靈動數解析及類型區分。

靈動數和五格之間的對應方式很容易，只要先計算五格的靈動數，依照靈動數去對照第六章的八十一靈動數吉凶解釋，搭配五格的定義，就會得到基礎的姓名解說。舉例來說，人格的定義是「人緣、個性、人際關係、貴人提拔」，假如人格靈動數爲吉數，取這個名字的人，在人緣會比較好相處，外出的人際關係較佳。同理可知，總格的定義是「一生整體運勢」，假如總格靈動數爲凶數，那麼取這個名字的人，在一生整體運勢的起伏會比較波折，順境和逆境容易交替出現，遇到的挑戰也會比較多。

五格靈動數的計算方式會跟姓名的筆劃數有關係，完整的解說請看下面說明。

❖ 天格靈動數

天格的計算方式跟姓氏的筆劃數多寡有關。如果是單姓，就是姓氏的筆劃數加1（天靈

數）；如果是複姓，就是兩個姓氏相加。

以李連杰爲例，李爲單姓，天格計算方式即爲「李」的筆劃數7，加1後，就會變成8劃。8劃就是李連杰的天格靈動數。

以諸葛亮爲例，諸葛爲複姓，天格計算方式就是「諸」的筆劃數16，加上「葛」的筆劃數15，得到31劃。31劃就是諸葛亮的天格靈動數。

天格靈動數跟姓氏有關，這個數字出生後就註定，屬於固定不變的範圍，因此在取名和改名的時候，不需要特別討論其靈動數涵義。

❖ **人格靈動數**

人格是姓名學五格靈動數中最重要的部份，對於一生的命運有極大關係，人格筆劃數一定要爲吉數，不可爲凶數。人格代表本身人緣、個性、人際關係、貴人提拔。若爲吉數則是正面，凶數則反之。

人格靈動數如果用紫微斗數來比喻，所代表的宮位就是命宮。命宮分成兩個層面，包含：

內在——命宮可以看出個人的個性、心中想法、念頭、人生觀、人格特質、性向、專長、興趣、喜好、優缺點。

外在——命宮可以看出個人行爲舉止、面對各種事物的反應。

人格的計算方式就是「姓氏筆劃數」加上名字的第一個字筆劃數。如果姓氏為複姓，那就是複姓的第二個字筆劃數，加上名字的第一個字筆劃數。

以李連杰為例，人格靈動數就是李的筆劃數7，加上連的筆劃數14，得到21。這個21劃就是人格靈動數。以諸葛亮為例，人格靈動數就是葛的筆劃數15，加上亮的筆劃數9，得到24。這個24劃就是人格靈動數。

範例中李連杰的人格靈動數是21，這個靈動數的涵義請參考《第六章　八十一筆劃靈動數解析及類型區分》，就會得到以下靈動數解釋。

> 吉【廿一】權威凌人：獨立、自主，為人景仰，面對危難視作挑戰，不輕言認輸，具權威與統御之能力；此數利男，女性則需要配合紫微斗數和八字而論，以及姓名學五格的運用，才會適合和圓滿。

對於李連杰來說，人格的靈動數具有威權和領導格局的吉數，這種特質會增強他不服輸的性格，並且增加事業上要衝第一的信念。

❖ 地格靈動數

從地格靈動數的筆劃吉凶可看出和家庭、戀愛桃花、感情婚姻、子女、部屬和晚輩的關

係。若爲吉數則是正面，凶數則反之。

地格靈動數的計算方式就是名字的第一個字筆劃數加上第二個字筆劃數。如果名字只有一個字，則地格的靈動數就是名字的第一個字筆劃數加1。

以李連杰爲例，地格靈動數就是連的筆劃數14，加上杰的筆劃數8，得到22。這個22劃就是地格靈動數。以諸葛亮爲例，地格靈動數就是亮的筆劃數9，加上1，得到10。這個10劃就是地格靈動數。

範例中李連杰的地格靈動數是22，這個靈動數的涵義不佳，會讓李連杰在家庭、感情、子女和晚輩關係方面經營比較辛苦，過程當中容易起伏變化；需要透過後天努力的預防和維繫，才會漸入佳境。

❖ 外格靈動數

外格靈動數的筆劃吉凶可看出一個人的住家、環境、居住品質。若爲吉數則是正面，凶數則反之。

外格靈動數的計算方式就是名字的第二字筆劃數加上1（地靈數）。如果是單姓單名，則外格的靈動數固定爲2。如果是複姓複名，則外格的靈動數就是名字最後一個字筆劃數和姓氏

76

第一個字筆劃數相加。

以李連杰爲例，外格靈動數就是杰的筆劃數8，加上1，得到9。這個9劃就是外格靈動數。以趙薇爲例，外格靈動數就是2。以司馬中原爲例，外格的靈動數就是原的筆劃數10，加上司的筆劃數5，得到15。

範例中李連杰的外格靈動數是9，這代表他容易因爲衝刺事業的關係，讓自己在不同的地方居住，相關的居住環境和品質會有較多起伏。

❖ 總格靈動數

總格靈動數代表一個人一生的運勢總和和好壞。若爲吉數則人生較爲順遂，遇到的起伏和變化較少；若爲凶數則反之。

總格靈動數的計算方式就是姓氏筆劃數和名字筆劃數的加總。以李連杰爲例：其全名的筆劃總數爲29劃。

範例中李連杰的總格靈動數是29，這個靈動數的涵義請參考《第六章　八十一筆劃靈動數解析及類型區分》，就會得到以下靈動數的解釋。

吉【廿九】足智有謀：資質聰穎，謀略有為，為人奮發上進且積極，處事方面也可平步青雲，但需要謹守中庸之道，過多的物慾會使得人心浮動。女姓使用此數，需要注意紫微斗數和八字，以及姓名學五格的運用，才會適合和圓滿。

從李連杰這個名字來看，總格的靈動數會增加其智慧，增加學習的慧根，容易舉一反三，也會增加他奮發向上和平步青雲的能量，對他的事業和工作有正面的幫助。

>> 楊老師貼心建議：

(1) 取名中不佳的靈動數代表的就是起伏和阻礙。事情都是一體兩面的，端看你用哪種角度去思量。危機就是轉機，如果能用心克服這些挑戰，人生的精彩程度也會比較高。

(2) 遇到不佳的靈動數時，有兩個思考方向，第一：改變名字。第二：改變心態，願意針對不足多預防和克服，透過後天人為的努力，一樣可以改善不佳的局勢。切記，人的努力和信念很重要，正面思考和積極的作為，就會改善不足。

(3) 姓名學除了五格靈動數以外，還有姓名學的三才關係。三才關係的解說，完整收錄在第十五章：姓名學與三才的關係。

三才五格實際範例

針對各種可能出現的姓名組合，以下以實際的範例讓讀者了解怎樣計算三才五格的靈動數。

單姓複名

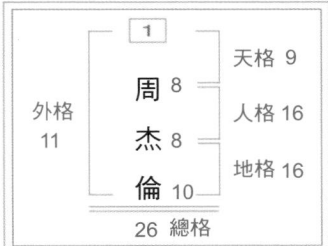

周 8
杰 8
倫 10

外格 11

天格 9
人格 16
地格 16

26 總格

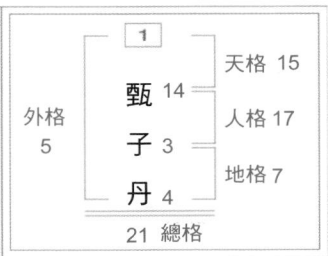

甄 14
子 3
丹 4

外格 5

天格 15
人格 17
地格 7

21 總格

單姓單名

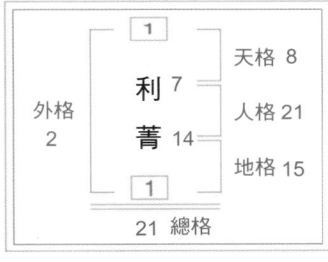

利 7
菁 14

外格 2

天格 8
人格 21
地格 15

21 總格

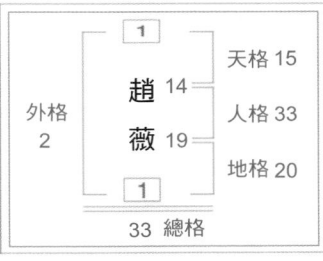

趙 14
薇 19

外格 2

天格 15
人格 33
地格 20

33 總格

複姓單名

公 4
孫 10
策 12

外格 5

天格 14
人格 22
地格 13

26 總格

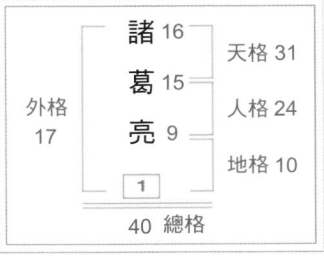

諸 16
葛 15
亮 9

外格 17

天格 31
人格 24
地格 10

40 總格

複姓複名

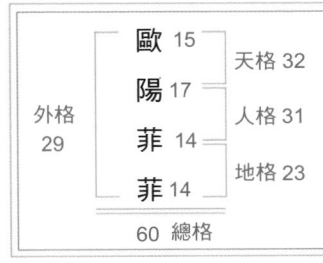

歐 15
陽 17
菲 14
菲 14

外格 29

天格 32
人格 31
地格 23

60 總格

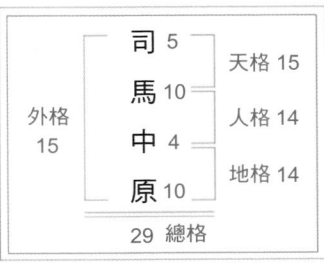

司 5
馬 10
中 4
原 10

外格 15

天格 15
人格 14
地格 14

29 總格

》楊老師貼心建議：

了解五格關係的最佳方式，就是用自己的名字去計算，這種的學習效果最佳。

第六章

姓名學八十一筆劃靈動數解析及類型區分

什麼是筆劃的靈動數？

女生該如何使用21劃、23劃的領導吉數？

本章將透過紫微斗數的觀點，讓你對姓名學的八十一靈動數有更進一步的瞭解。

靈動數的種類有八十一種，每種都有其獨特的吉凶解釋，如果取名時能針對自己紫微斗數命盤的缺點，使用適合自己的靈動數去改善，就能透過姓名去避開先天紫微斗數命盤的不足。

舉例來說，如果紫微斗數命盤看出事業狀況不佳，本身容易猶豫不決，那麼取名時所挑選的靈動數就要特別選擇「事業能量強，具有定見和領導能力的靈動數」，讓姓名的靈動數去補強命格的弱點，如此名字和本命格局就能相互呼應，對取名者有正面的幫助。同理，如果希望名字帶給自己好桃花，好姻緣，有貴人相助，取名時就要特別挑選具有魅力和才華的靈動數，讓名字更添這方面的能量。

姓名學八十一筆劃靈動吉數分類

> ﹀楊老師貼心建議：
>
> 關於姓名學和紫微斗數的關係，筆者在第九章：《紫微斗數命盤與取名和改名的關係》完整說明，讀者可將此第六章和第九章一併研讀，就能了解其中的取名要領。

如同前面所敘，八十一靈動數的涵義很多元，不同的吉數有不同的涵義，為了讓讀者更了

解這些吉數的差異，筆者將吉數分成以下六種不同的類型。取名時，依照自己的特性，選擇對自己有利的靈動數去強化能量。

【首領、領導統馭】 使用此筆劃者，會讓你增加領導統御的才能，透過靈動數的強化，會讓你期許自己成為領導者。取名時，如果你想要加強自己的領導力，可以使用這些靈動數去強化。	1、3、6、16、21、23、31、33、39、52、65、68、81
【堅強果決、勇敢、自信】 使用此筆劃者，會讓你增加果決的能力，讓你避免猶豫不決的缺點，讓你堅定自己的信念和自信心，不會因為挫折輕易放棄。如果你本身容易三心兩意，猶豫不決，可透過此靈動數去改變自己的缺點。	7、8、17、18、31、33、37、39、67、68
【白手起家、少康中興、異軍突起】 含此數，皆有白手興家，異軍突起之意涵。若想創業，可透過此筆劃數加強創業的能量。	5、11、24、31、39、45、52、58、67、68、

【藝術天份、才華技藝】

逢此筆劃數，多為才氣縱橫者，利於朝向文藝事業發展。

如果從事的行業需要才華和智慧，可用此類的才藝靈動數去增加自己的能量。

13、25、29、35、39、48、52、65、68

【富貴榮華、發達】

這些筆劃會增加你的上進心，增加你對事業和求財的能量，並且一步一腳印的往成功邁進。

如果你希望事業能夠發達和賺錢，可以使用此靈動數去加強能量。

3、21、23、24、29、31、32、37、

39、41、47、48、52、57、58、61、

63、65、67、68、81

【人緣桃花、家庭順利、工作順利、貴人】

這些筆劃者多為重視人際關係、人脈和人緣、家庭和樂、重視工作和事業穩定中求成長。

此數對於姻緣、感情、桃花、貴人、事業順利發展有利，如果想增加此種能量，可以選擇這類型的靈動數。

6、15、16、24、25、31、32、35、

37、41、47、48、58、63、65、67、81

現代女性是否可以使用21劃、23劃的領導吉數？

傳統的姓名學，會有一些領導和果決的姓名學吉數是利男，不利女，舉例來說：7劃、17劃、21劃、23劃、29劃、33劃、39劃、57劃、68劃…等等，會有這種說法的原因，是因為過去二十年前是農業社會，社會觀念都是「男尊女卑」，「男主外，女主內」；但是，在現代的社會裡面，男女是平等的。女生和男生不論從小讀書，或是長大工作，都要一起競爭；女性要工作也要養家餬口，女性也有創業當大老闆，或是在公司擔任管理階層，因此這些利男不利女的吉數，在現今的社會，其實有不合理的地方。

在現今的社會，女性要怎樣運用這些領導的吉數，才能兼顧家庭幸福，以及事業順利呢？

其實很簡單，就是在姓名學的理論當中，地格是掌管感情和家庭，因此，只要女生在地格的靈動數能避開這些領導吉數，家庭就能順利經營。同時，女生可以依照自己對於事業的期待，加入領導吉數在人格或是總格（兩個擇一即可），那麼就能讓事業和婚姻當中，取得平衡點。

每個人的八字和紫微斗數命盤都有優缺點，而每個人對自己名字的想法也不一樣，對自己的人生規劃也不同，因此該怎樣規劃領導吉數，其實是因人而異，沒有一定的規則。

完整姓名學八十一筆劃靈動數解說

八十一筆劃靈動數為姓名學基礎，始自天地初生，世間萬物皆有興衰起落，其中的起伏過程是不停演化而致，而姓名學中的八十一筆劃數正是用來象徵其過程的演繹。藉以筆劃的靈動數配合三才、五格觀看，便能知其數理上的吉凶。完整的八十一筆劃靈動數如下所示：

吉【一】開天闢地：萬物根源，始於天地之間，象徵世間的萬事萬物因而群起，具有開創紀元及事業之意，此為大吉之數。此數利於男女，皆可用之。

凶【二】混沌未明：身處混亂動盪之中，舉步難行，在不明的局勢裏，孤掌難鳴，猶如水面浮萍，靠不到岸卻又搆不著地，做人行事上易感不安，故難成事。

吉【三】祥瑞盡收：天地已成，世人已生，正可謂一應俱全，得此數者，有天時地利及人和相助，借力使勁，順勢而為，繁華與榮景皆操縱在己；此外，逢此數者，喜坐陣指揮，能成首領。男女皆適用。

凶【四】流於破敗：縱有才華，但時不我予，因而得不到旁人認同，致使疏於人群之間，孤傲自賞，一生多於苦難之中，無人相助。

吉【五】福澤綿延：陰陽相交，和合完璧，此數有著成功與豐收的意含；五福之中，長壽、富貴、康寧、好德、善終，皆而在握。若能施以濟人，更能添進無數福德。此數男女皆可用之。

吉【六】吉人天相：有此數者，得天之庇佑，可說是受寵一生，運勢極為平順，多能承蒙祖之餘蔭，但要記住月滿則盈、水滿則溢的道理，不可太過無度與放縱。此數利於男女，皆可用之。

吉【七】剛強凌盛：此數者多為不畏艱苦之人，行事作風彰顯霸氣，其堅強的意志終能招來最後的勝利與成功，但因太過剛強難免顯得不通情理，要謹記適時放軟身段，才能獲得更多成就。此數利男，而女性使用此吉數，則需要配合個人的紫微斗數和八字，以及姓名學五格的運用，才會適合和圓滿。

吉【八】堅毅聰穎：資質聰慧，堅忍不拔，對於困難險境都能逐一克服，無所畏縮，實乃成大事、立大業之人，需注意不可妄進或過於自滿，方能保以豐收不潰敗。此數利於男女，皆可用之。

凶【九】窮困受阻：名利難獲，易有生不逢時的感歎，陷於負面的思想難以掙脫，最終非旦拖累自身，還會連帶累及旁人。

凶【十】灰暗潦倒：猶如烏雲罩頂，卻又揮之不去，一生終將潦倒渡日，難有長才發展；此外，得此數者，在健康方面，若非體弱，便招血光，需格外小心。

吉【十一】萬象重生：此數有再生、再起之意，事業、名利、家庭皆能再次興旺，得以發展，擴至更為盡善盡美的局勢。此數男女皆可用之。

凶【十二】柔弱無我：人云亦云，意志過於單薄而顯得毫無主見，太過消極的處於時勢之中，一生難以自成格局，行事容易半途而廢，無定性。

吉【十三】才高八斗：身懷謀略，獨出奇才，學識廣博又能因應時勢而有所調整自身，終能平步青雲，獲得不凡的成就。

凶【十四】載浮載沉：此數不易有旁人相助，家緣也極為淡薄，易與至親之人分散一方，終生勞祿卻無所獲，到頭落得孤寡淒涼。

吉【十五】福壽雙全：一生福德榮華，能得長輩相助，也能獲得同儕擁簇，得此數者，人生運程比旁人來得順遂，福氣綿延，得以享至晚年。此數男女皆利，都可用之。

吉【十六】德高望重：待人處事宅心仁慈，故能獲以無數人脈得以運用，易成領袖進而成就大業，同時兼具良好的名聲與威望。此數利於男女，皆可用之。

吉【十七】權頃排難：為此數者，生性堅毅剛強，自我意識較高，多能掌握重權，排除萬難，但在人和方面卻顯得不夠圓融，有距離感，若能稍以柔軟之態度與人面對，推動事物則更為順遂。此數利男，若女性用之，可補強堅定意志，但仍需要配合紫微斗數和八字而論，以及姓名學五格的運用，才會適合和圓滿。

吉【十八】謀智並濟：謀略與智慧同時兼具，為人志向堅定，故遇任何困難都能逐一排解，此外，得此數者，亦能名利雙收；人和方面也需格外注意，勿驕傲自滿。此數男女皆可使用。

凶【十九】孤寡多難：此數者，易年幼失怙，歷經死別之難，淪為一生孤獨之命，雖有才智，際遇卻乖違多舛，容易四處奔波，最終仍無所獲。

凶【二十】險象叢生：險難不斷，處處逢困，縱有家業也將破敗；又或多病孱弱，終其一生命運坎坷，有志難伸。

吉【廿一】權威凌人：獨立、自主，為人景仰，面對危難視作挑戰，不輕言認輸，具權威與統御之能力；此數利男，女性則需要配合紫微斗數和八字而論，以及姓名學五格的運用，才會適合和圓滿。

凶【廿二】凋零挫敗：如秋草逢霜，愈漸蕭條，縱有再遠大的志向，卻連連遭遇折損，最終抑鬱不得志，內心愁苦無限。

吉【廿三】大器果斷：胸襟寬廣，氣概豪雲，如驕陽照地，萬物因此而勃發具有生氣。此筆劃利男性使用，女性若然用之，可增強眼界和格局，但仍需要注意紫微斗數和八字、以及個人期待而論，就能使其圓滿。

吉【廿四】財源豐厚：得此數者，事必躬親，可白手起家，得以富貴豐收，若能樂善好施，所獲之福報則有利家運，庇及子孫。此數利於男女，皆可用之。

吉【廿五】英挺聰慧：耳聰目明，相貌堂堂，多為人中龍鳳，可成大業，但要注意自身的態度，太過自視甚高，在旁人眼中會顯得傲慢無禮，需多充實涵養，懂得謙遜之道。此筆劃男女

皆可用之。

凶帶吉【廿六】雲濤多變：逢此數者，大多出志士、烈女，一生命運可謂瞬息萬變，有著肝膽俠義心腸，故而人生路途總顯得多舛，如遇抉擇不能堅定意志，容易沉淪、隨波逐流，以致招來凶險。

吉帶凶【廿七】孤傲自賞：才智兼具，容易自我肯定而不採納旁人意見，故有失人和，一生起伏大落大起，難以平穩。

凶【廿八】別離敗壞：個性爽朗豪邁，卻家緣福薄，易離散兩地，災禍接連；女性逢此數，容易陷於孤苦之中，無所相依。

吉【廿九】足智有謀：資質聰穎，謀略有為，為人奮發上進且積極，處事方面也可平步青雲，但需要謹守中庸之道，過多的物慾會使得人心浮動。女姓使用此數，需要注意紫微斗數和八字，以及姓名學五格的運用，才會適合和圓滿。

吉帶凶【卅十】起伏不定：有此數者，終其一生浮浮沉沉，吉凶難斷；遭逢劫難仍有機會柳暗花明，不到最後關頭往往看不出結果，人生旅途猶如一場冒險，是成或敗，除了端看自己，還得視外在的環境與天意而定。

吉【卅一】圓滿順遂：身具才智與果敢的勇氣，有著天生統御領導的能力，逢迎困境皆能逐一擊破，除名利之外，亦能獲得富貴榮景，此為大吉之數。男女皆適用。

吉【卅二】貴人相助：有此筆劃者，遭遇險境與困難多有貴人出面相助，得以逢凶化吉，也容易因為受到長輩及上司提拔，而行事有成，一生可謂受惠不少。此數男女皆可用之。

吉【卅三】剛直果決：行事剛毅果斷，能成大業，不懼艱鉅，越是遇見困厄，越想挑戰，不容自己有所退卻；需謹記過與不及都不好的道理，應適時的放以柔軟，以免誤事又傷己。此數利男，女性使用，需要降低自身身段，與人相處應重以和為貴之道，注意紫微斗數和八字、以及個人期待而論，就能使其圓滿。

凶【卅四】流離失所：此為大凶之數，一生命運顛沛流離，至親至愛容易離自己而遠去；所遇災難劫數不斷，卻又無人能施以援手，因而備感苦痛。

吉【卅五】心慈上進：慈愛仁厚，為人溫良恭儉讓，因個性使然，身旁多有朋友幫助，亦能獲得上司、長輩喜愛；此數適用女性，若男性使用，需注意紫微斗數和八字，以及姓名學五格的運用，就會適合和圓滿。

凶【卅六】浪起波瀾：此數者，多有路見不平的助人豪氣心，因而易招來險難，若然處理不當，有捨身成仁之虞；此外，其運程猶如浪濤洶湧，波瀾不定，變動過大以致苦難重重。

吉【卅七】吉相忠厚：為人不屈不撓，古道熱腸，能得人心而又受人所推崇；此為吉人天相數，需注意權威的拿捏，以免拉遠與人的距離，彰顯疏離。男女皆適用。

吉凶各半【卅八】平實無奇：得此筆劃者，生性聰敏，卻無領導能力，難成鴻圖大業；但若能

將其博學發揮運用，朝向藝文界發展，則能有別於常人所獲，得到不凡成就。

吉【卅九】前程似錦：財帛於身，壽祿俱全，人生雖有勞碌，卻一片光明，能得如日中天之勢；男女使用此數，有利於事業發展，女性使用，需注意紫微斗數和八字、以及個人期待而論，將能使其圓滿。

吉帶凶【四十】詭變浮沉：有膽識、有謀略，但際遇起起落落，容易因為一意孤行的個性而招來橫禍，若能事事謹慎面對，則能獲以安康與喜樂。

吉【四一】福壽有德：此數為大吉，謀略與才識集於一身，氣宇宣昂而又受人景仰，若不因此而驕恣，則能名利在握，福祿無盡。男女皆適用此數。

吉帶凶【四二】奇藝難成：博智多聞，技藝高又有所才氣，但卻無法專精，故顯技窮，若能堅定意志，專精一術，則能成事，創以錦繡前程。

凶帶吉【四三】意志不堅：縱有才氣，做事卻容易為圖捷徑而行差踏錯，故有金絮其外、敗絮其中的意味；女性取此筆劃尤其不可，容易同時周旋在不同男子的感情之中，招來紛擾。

凶【四四】黯淡無光：為此數者，其想法常跳脫常人，常出怪桀之人，也容易因其怪異的脾氣，將自己逼入逆境之中，難以掙脫，以致抑鬱一生。

吉【四五】諸事順遂：人生運途順遂，面對再多困難都逐一擊破，獲得最後成功，名利富貴皆在手，但守成不易，需格外注意。男女通適。

凶【四六】坎坷乖舛：災厄繫身，家緣福薄，易陷於孤寡，勞碌一生卻無所獲，遭遇困境便隨之意志消沉，難見璀璨光明。

吉【四七】豐收有成：享有收成果實的意頭。得權貴與財富，運勢順遂少有波折，縱然偶遇困境，也有貴人出面相助，能夠安然渡過，是為大吉。男女皆適之。

吉【四八】德高溫厚：心懷仁慈，為人敦厚且具品德，功名利祿皆能獲得，此數適用於欲從事師字輩行業者。男女都能使用。

吉凶各半【四九】風雲變色：吉凶與成敗都在一線之間，變動起伏較大，看似無險卻暗藏危機，不論家庭或事業上都常遇變化，不甚平穩。

吉凶各半【五十】成敗起伏：不論得與失、禍與福都處於對立的局面，不斷交替輪換著，讓人深受煎熬之苦，卻又無法抵抗頑強的命運。

吉凶各半【五一】盛衰浮沉：昌盛之後，衰敗便起，有先甜後苦的徵兆，人生的起伏不定，早年能有成就，晚年卻會逐漸潰敗，需要隨時警惕、小心謹慎，才可渡過劫難。

吉【五二】遠見卓識：目光深遠，掌握先機，能夠逐一實現理想，抱得名利而歸；此筆劃者，多能白手起家，能成大業。男女通用。

吉凶各半【五三】秀而不實：風光一時，瞬間黯然，一生能有名祿，卻難守成，遭逢厄運之時，容易自暴自棄，難以翻身，有家破之虞。

凶【五四】哀而傷悲：懷有一身才氣，卻有志難伸，隨著失意次數的累積，逐漸意志消沉，消極面對，終究難有作為。

吉凶各半【五五】虛有其表：表象望去似為榮華，其內空洞無實，行事難以心安，故無法踏實，人生較多波瀾，若能不被逆境所擊垮，則會漸入佳境，有所成就。

凶【五六】好大喜功：為此數者，空有理想，不切實際，做起事來缺乏毅力而又無上進心，只想坐享其成，不願全力付出，最終無獲而歸。

吉【五七】勤奮向上：此數能成大業，但須歷經艱辛才可獲得。此數利男，若女子用之，需注意紫微斗數和八字，以及姓名學五格的運用，才會適合和圓滿。

吉【五八】漸入佳境：為人務實，實事求是，再多的阻難都能逐一排除，達成目標，人生的旅途屬於先苦後甜，得以安享晚年。此數男女皆適。

凶【五九】猶疑不定：面對問題容易退縮，無法堅決意志，今朝有酒今朝醉的人生態度，以致庸碌一生，虛渡光陰。

凶【六十】無智無謀：過於堅持己見，無視旁人建言，凡事抱著與人相左的意見，以致人和盡失，長久下來容易畫地自限，活在自己的小圈子，形成困境。

吉【六一】富庶繁華：榮華吉數，能得旺盛的時運，享有天賜的澤惠，為人勤奮上進，需修養自身德行，勿過度自驕，以免招致禍端。男女皆適。

凶【六二】屋漏逢雨：運勢慘淡，滿腹的理想，卻無展現長才的領域，失意連連，事業發展總與願違，困厄不斷，此乃舉步為艱之數。

吉【六三】榮貴集身：生機蓬勃，事事稱心，為人積極奮發，能享榮華與富貴，若能將一己之力福澤社會，其德必能陰佑子孫。此數男女都能用之。

凶【六四】悲愁無盡：此數有敗壞、散盡家產之意，經不起挫折與失敗，容易隨困厄而沉淪，歷萬劫而不復，為大凶之數。

吉【六五】福祿圓滿：逢此數，人生圓滿稱心，能受人敬仰，又能享有榮貴，其圓融的個性能深得長輩與友人的讚許，備受推崇，功名與成就伸手便可獲得，實為吉數。男女皆可用之。

凶【六六】烏雲蔽日：進退維谷，紛擾綿延，如萬物失去驕陽的滋養，頓時失去生氣，心也隨著漆黑無光而顯灰暗，容易失去方向，喪失毅力。

吉【六七】利祿亨通：思慮周詳，反應靈敏，一生能得名利，且富貴無雙，有著白手興家的本事，實現志向與理想；此外家運也格外興隆，可謂大吉之數。男女通用。

吉【六八】豪氣干雲：悟性聰穎，心思縝密，個性為爽朗之人，不拘泥於小節，能成就大格局之事業，唯需注意樹大招風，越是成就非凡，越要抱以虛心，以免有失人和。此數利男，若女性用之，需注意性格過於男性化，謹守女性傳統美德，以及個人姓名學五格的運用，才會適合和圓滿，才有利於桃花發展。

凶【六九】逆境踟躕：逢此數者，多為不知足之人，頻臨挫敗，以致裹足不前，流連原地，會因造化弄人，而顯得悲觀、潦倒，難以東山再起。

凶【七十】苦陷淒涼：所做無所成，一生慘淡經營，困坐愁城，而彰顯的鬱鬱寡歡，此外，需注意血光、意外等災厄；亦有家破之虞。

吉帶凶【七一】徒生波瀾：此筆劃容易迷失、沒有方向，做起事來缺乏貫徹之心，但能得貴人相助，若能順勢而起，則能有成，反之，陷於失敗，無所成就。

凶帶吉【七二】劫難藏身：表面看去福將臨至，卻是凶險藏於其中，遇困頓之時，易屈服而顯頹廢，需積極面對，於安逸之中便未雨綢繆，才可化凶為吉。

吉帶凶【七三】有志無力：空有志比天高的理想，卻無全力以赴的決心，容易好高騖遠，雖得天賜的福氣，但若不能有所掌握，到頭難成大業，只能獲以平凡的人生。

凶【七四】花殘凋零：為此數者，易散盡家產，敗壞家業，一生散漫沉淪，隨風飄盪，陷於自身所招來的困苦，最後只能哀嘆傷悲。

吉【七五】不妄則吉：缺乏判斷能力，太過貿然躁進，反倒招來損害，需先停下腳步，退回原處，方能保身，反之，則陷災厄，難以脫身。

凶【七六】家破離散：此為大凶之數，人生於險惡之中起伏，家庭易碎，骨肉離散，以致最後子然一身；女性用此筆劃，格外凶險。

96

吉凶各半【七七】喜樂無常：喜憂各半，一生於好壞間打轉，人生之路沒太大凶險，多在勞碌中渡過；為人處事不可過於高傲，需注意人和為貴。

吉帶凶【七八】轉眼成敗：有才華但缺謀略，是成或敗皆在頃刻之間，容易早年得勢，中年失守，需謹慎，以免陷於苦難的悲愴，難以再起。

凶【七九】日月無光：為人處事缺乏行動力，凡事只想著坐收漁利，而忽略中間的過程。若有旁人施以援手，當以把握奮發，方能平穩渡日；反之，則會隨逆境而沉淪，難以翻身。

凶【八十】事事相悖：為此數者，做起事來難如其意，總有所悖離，一生奔波勞碌，災厄叢生，身處逆勢難有作為。

吉【八一】祥瑞雲光：此為大吉之筆劃，能克服一切困難，化厄消災，富貴、名利與福澤皆俱，能成就偉大事業，受人所尊崇，備受愛載。此數男女都能適用。

◆逢八十一數，還本歸元，數理又自一劃算起。
例如，八十六劃者，需扣八十，其數理靈動數即以六劃計算。以此類推。

本章教學重點

1. 不懂八字和五行，不能為人取名或改名。
2. 有陰有陽是好名，獨陰或是獨陽都不好。
3. 五行介紹。
4. 五行的衰旺與節氣。
5. 十天干。
6. 十二地支。
7. 二十四節氣。
8. 排八字的方法。
9. 八字的喜用神與姓名學取名字和改名字的關係。
10. 精選八字五行與姓名學取名範例。

第七章

陰陽、五行、八字、喜用神與取名和改名的關係

陰陽、八字、五行等，這些你或許都聽過，但你真的瞭解他們代表的意義嗎？

所謂的姓名學喜用神又該如何看？

命中五行缺「水」，取名卻補成「火」的元素，又會有何影響？

本章將透過淺而易懂的實際範例，循序漸進的引領你瞭解取名的「根本」。

不懂八字和五行，不能為人取名或改名

隨著每個人出生的時辰不同，產生的八字也就有所差異。不同的八字就會有不同的命和運，透過了解八字五行的喜忌，才能客製化的針對因果關係去替人取好名字。

如果在取名時沒有看八字，只看簡單的筆劃數和三才五格就取名字，那麼這個名字就會對人的幫助有限制。這就好比中醫看病，如果沒有透過「把脈」去瞭解一個人的病因和身體狀況，就開藥讓患者食用，這樣治病的方式就會出問題。

所以，中華取名的正統方式，一定要用五行八字、紫微斗數命盤當作基礎，找出命格的優缺點，再搭配姓名學三才五格靈動數，以及所對應的生肖，讓名字能夠和本命互相呼應，取名才會有意義。不看八字或是紫微斗數命盤就替人取名字，對人的幫助有限，不可不慎。

有陰有陽是好名，獨陰或是獨陽都不好

「天者，萬物之祖也，萬物非天不生，獨陰不生，獨陽不生，陰陽與天地參然後生。」此話出自漢代董仲舒的「春秋繁露」，由此已可看出，古人主張陰陽平衡，將其套用在人、事、物上面，以陰陽貫通宇宙萬物之說。

第七章◎陰陽、五行、八字、喜用神與取名和改名的關係

同樣的道理，名字也有陰陽，就文字的筆劃上，雙數爲陰，單數爲陽，故在命名時，需注意陰陽調合的平衡性，獨陰或獨陽，則會產生失衡的狀態，如性格過於陽剛者命了個獨陰之名，則會助長其氣燄，變得更爲莽撞，易有血光之災；而過於靜默之人，起了個獨陽之名，則會顯得更爲陰沉，人際關係必然難有好的發展。

※下列爲陰陽的算法與姓名的解釋。

◎單數爲陽：1、3、5、7、9
◎雙數爲陰：2、4、6、8、10

◎兩字姓名：陰陽、陽陰。
◎三字姓名：陰陽陽、陰陰陽、陽陽陰、陽陰陰……等。
◎四字姓名：陰陽陰陰、陰陽陽陰、陰陰陽陰、陽陽陰陽、陽陰陽陽、陽陽陰陽……等。

以「李彥霆和李宗穎」這兩個名字爲例，李彥霆這名字的筆劃數分別爲李7劃，彥9劃，霆15劃，總筆劃31劃。從這些筆劃數都爲單數得知，此名爲「陽陽陽」的獨陽名字。李宗穎這個名字的筆劃數爲李7劃，宗8劃，穎16劃，總筆劃31劃，從這些數字得知李宗穎的名字有陰有陽，爲「陽陰陰」的吉配。因此就陰陽調和的觀點來看，李宗穎的名字較佳。

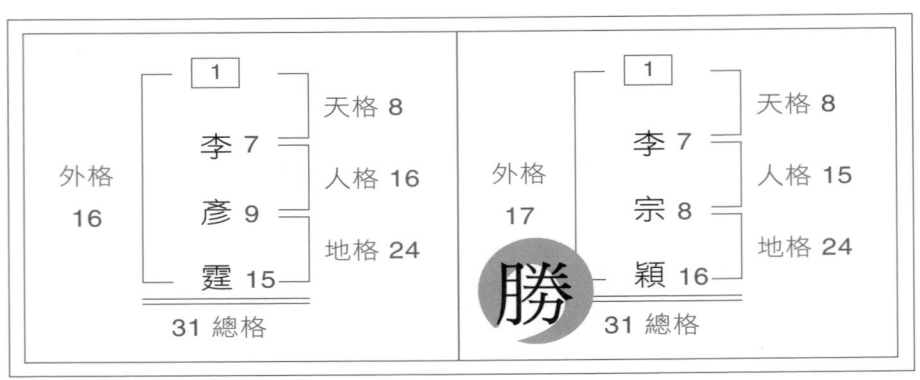

五行介紹

五行學說始見於夏商時期，於春秋戰國得以完善，直至今日仍深深影響中國社會的各個領域之中。

五行最初被稱為五材，包含了木、火、土、金、水這五種元素，古人認為萬物皆由這五種基本元素所構成，因此，我們可以看見古代許多的學問都與五行有著密切的關連，如：易學命理、中醫學、養生學說等。

下列，將五行對應規納出總表，讀者可更清楚的知道五行在不同事物上的對應關係。

五行對應一覽表

五行	五臟	五方	五色	季節	天干	地支
木	肝	東	青	春天	甲、乙	寅、卯
火	心	南	紅	夏天	丙、丁	午、巳
土	脾	中	黃	季夏	戊、己	辰、戌 丑、未
金	肺	西	白	秋天	庚、辛	申、酉
水	腎	北	黑	冬天	壬、癸	子、亥

❖ **五行相生相剋**

在五行之中，相生的同時寓有相剋，反之，相剋同時也寓有相生。任何事物並非相生就好，相剋就壞，而是相輔相成，才能得以運行；如同自然界的食物鏈，必需透過不斷的循環與制約，才能保持宇宙萬物的平衡，因此，我們可將五行相生視為「循環」，而五行相剋即表「制約」。

倘若五行出現過盛或過弱的情況，便無法按正常的規律來達到生剋關係，會產生過旺者拒

絕被剋，而過弱者又無法行相生之循環，故在命名時，需注意五行的平衡關係，旺者宜洩，弱者宜扶之。

(1) 五行相生：木生火，火生土，土生金，金生水，水生木。

(2) 五行相剋：金剋木，木剋土，土剋水，水剋火，火剋金。

(3) 五行生剋圖：

(4)五行相生的姓名範例：林志玲

林　　志　　玲

【木】【火】【土】

說明：從文字看五行，林的五行屬木，志的五行屬火，玲的五行屬土。故此名為【木生火】、【火生土】的五行相生配置。五行順應相生，使其能量得以均衡，故能得輝煌之成功，並能展其長才，獲得優越的成就。

(5)五行相剋姓名範例：甄子丹

甄　　子　　丹

【土、金】【水】【火】

說明：從文字看五行，子的五行屬水，丹的五行屬火。故此名為【水剋火】的五行相剋配置。五行相剋會有較多人生起伏，易有衝撞，但也因此能爆發出火花，若逢時運相助，便能成功，大放異采。

五行的衰旺與節氣

五行於四季之中，皆有不同的盛衰，依照五行衰旺的程度，又可用：旺、相、休、囚、死

這五字來表示。一般來說，當令者旺、我生者相、先我者休、克我者困、我剋者死。

這五字分別有不同的意義，下列將個別簡述。

旺：當令之氣，最為旺盛之狀態。如春分之時，草木生氣蓬勃，故「木」氣最為旺盛。

相：意表次旺，隨旺氣而生。如木能生火，故「火」在春分之時，則可隨木而旺。

休：旺盛之期已過，轉為休息之狀態。如「水」在冬季最旺，轉到春季則進入休息的狀態。

囚：表無力之氣，顯得一籌莫展。如五行中，金本剋木，但逢春季之時，木旺反欺金，故將「金」困住。

死：五行最弱之時，難有反抗之力。如五行之中，木剋土，故在春季之時，木盛「土」則死。

❖ 五行衰旺節令一覽表

節令	旺	相	休	囚	死
春	木	火	水	金	土
夏	火	土	木	水	金
秋	金	水	土	火	木
冬	水	木	金	土	火
季夏	土	金	火	木	水

十天干

自古以來，天干被中國人視為年、月、日、時的符號象徵，依序為：甲、乙、丙、丁、戊、己、庚、辛、壬、癸。其中，甲、丙、戊、庚、壬為「陽」，乙、丁、己、辛、癸為「陰」。

十天干相生關係：甲乙（木）生丙丁（火）；丙丁（火）生戊己（土）；戊己（土）生庚辛（金）；庚辛（金）生壬癸（水）；壬癸（水）生甲乙（木）。

十天干相剋關係：甲戊相剋，乙己相剋；丙庚相剋，丁辛相剋；戊壬相剋，己癸相剋；庚甲相剋，辛乙相剋；壬丙相剋，癸丁相剋。

十天干與五行的對應關係：甲、乙為木；丙、丁為火；戊、己為土；庚、辛為金；壬、癸為水。若先天命盤缺金，也可將庚、辛納入名字之中。

十二地支

十二地支，即為子、丑、寅、卯、辰、巳、午、未、申、酉、戌、亥。如同十天干，亦可作為年、月、日、時的符號象徵。

地支彼此的相合關係：子與丑相合，寅與亥相合，卯與戌相合，辰與酉相合，巳與申相合，午與未相合。

地支彼此的相沖關係：子與午相沖，丑與未相沖，寅與申相沖，卯與酉相沖，辰與戌相沖，巳與亥相沖。

十二地支與五行的對應關係：寅、卯為木；午、巳為火；辰、戌、丑、未為土；申、酉為金；子、亥為水。若先天命盤缺水，也可將子、亥納入名字之中。

二十四節氣

一年分為四季，又可依照四季畫分十二個月份與二十四個節氣。

古人視立春為二十四氣節之首，「立」有初始之意，「春」則是蠢動，意味世間萬物開始具有生氣，因此，不論生肖、季節、八字命盤、紫微斗數命盤，都需要依照「立春」而定，並非依照農曆年的正月初一。

舉例來說，二○一○年的春節初一為二月十四日，但二月四日即為「立春」，因此，二月四日上午七時出生的孩子，其生肖就屬「虎」。

※若讀者對每年的立春時間不確定，可參考市售或網路上的萬年曆，找出正確的時間。

第七章◎陰陽、五行、八字、喜用神與取名和改名的關係

季節與節氣畫分表

季節	月份	節氣
春	寅月（正月）	立春・雨水
春	卯月（二月）	驚蟄・春分
春	辰月（三月）	清明・穀雨
夏	巳月（四月）	立夏・小滿
夏	午月（五月）	芒種・夏至
夏	未月（六月）	小暑・大暑

季節	月份	節氣
秋	申月（七月）	立秋・處暑
秋	酉月（八月）	白露・秋分
秋	戌月（九月）	寒露・霜降
冬	亥月（十月）	立冬・小雪
冬	子月（十一月）	大雪・冬至
冬	丑月（十二月）	小寒・大寒

排八字的方法

生辰八字的排法非常簡單，只要將自己的生辰（出生年、月、日、時辰）去對應萬年曆，就會知道自己的八字。萬年曆除了在書店購買，也可以上網透過搜尋引擎輸入關鍵字《萬年曆》，就可以搜尋到免費的線上萬年曆。善用工具可以達到事半功倍的學習效果。

八字是由年柱、月柱、日柱、時柱所組成，每一柱都包含一個天干和一個地支，所以四柱總共會有四個天干和四個地支，加起來就是八字。

其中年柱、月柱、日柱的天干和地支，都可以透過萬年曆直接得到解答，時柱的天干需要透過下面的對照表排出，時柱的地支就是你的生辰。假設你的生辰為「午時」，那麼你的時柱地支就是「午」。時柱的天干可用表一：時柱天干對應表，查表就會知道解答。舉例來說，假如你的生日天干為「乙」，出生時辰為「午時」，那麼查表可知，時柱天干為「壬」，完整的時柱天干和地支分別為「壬」和「午」。

〈表一：時柱天干對應表〉

日天干 \ 生辰	子時 (23-1)	丑時 (1-3)	寅時 (3-5)	卯時 (5-7)	辰時 (7-9)	巳時 (9-11)	午時 (11-13)	未時 (13-15)	申時 (15-17)	酉時 (17-19)	戌時 (19-21)	亥時 (21-23)
甲、己	甲	乙	丙	丁	戊	己	庚	辛	壬	癸	甲	乙
乙、庚	丙	丁	戊	己	庚	辛	壬	癸	甲	乙	丙	丁
丙、辛	戊	己	庚	辛	壬	癸	甲	乙	丙	丁	戊	己
丁、壬	庚	辛	壬	癸	甲	乙	丙	丁	戊	己	庚	辛
戊、癸	壬	癸	甲	乙	丙	丁	戊	己	庚	辛	壬	癸

為了讓讀者更容易了解自己的八字該怎樣排列，下面使用一個生辰當做範例，提供讀者參考。西元陽曆生日2000年4月11日丑時。透過萬年曆，可以找到農曆和陰曆生辰，以及八字的資訊。範例中的八字如下表所示：

日期	年	月	日	時辰
陽曆國曆生日	2000年	4月	11日	丑時
農曆陰曆生日	庚辰年	3月	7日	丑時
四柱八字	年柱	月柱	日柱	時柱
天干	庚	庚	己	乙
地支	辰	辰	亥	丑

附註1：範例中的時柱天干，是由日柱的天干「己」，以及生辰「丑」，對應〈表一〉後，就會找到「乙」。「乙丑」就是時柱，時天干是「乙」，時地支是「丑」。

附註2：筆者的網站有提供免費的八字命盤算命，只要輸入你的姓名和生日，就會有完整又詳盡的八字五行命盤、姓名學三才五格解釋，並且針對每一個字的字義、五行、筆劃數、基礎喜用神做深入的解釋，對你有幫助。

八字的喜用神與姓名學取名字和改名字的關係

「喜用神」是八字姓名學的核心精神。每個人的八字組合不一樣，所以適合每一個人的喜用神也就會有差異。八字用神，如同對症下藥，旺者宜洩，弱者宜補，為取有益的五行組合。

「喜用神」具有畫龍點睛的效果，透過適當的「喜用神」，可以將一個人的八字優點展現出來，將缺點彌補和改善。

「喜用神」找法和用法很多種，相關的理論眾說紛紜，如何「用神和抓神」會跟老師的程度、看八字命盤的角度，以及顧客對自己的期待有關係。喜用神最簡單也最重要的找法，就是依照八字的屬性去抓神。八字都是由十天干和十二地支所組成，每個天干和地支都有對應的五行（金、木、水、火、土，五種元素），將這些五行統計起來，就會找到五行的分布狀況和多

112

寡。如果五行元素有欠缺，那麼喜用神的五行元素就是補上那個欠缺的五行。反之，五行元素若過多，就要用其相剋的元素去調整，這樣才會均衡，不會過度發展。

若一個人八字缺水，則可在其名納入「冰」或「霖」這字，對其運勢將能有所改善，且具有正面的幫助；倘若缺水之人，命名上若無針對其五行所缺去補，反倒在名字中納入「炎」這字，則變為補「火」之元素，這就是選錯用神，而選錯用神不但沒有幫助，反倒拖累原先的八字命格，造成反效果，由此不難得知「姓名」與「八字、五行」有著相輔相成的關聯性。如八字命格火過多，那麼就需要小的水去調節，這樣才會完善。

〈表二：天干和地支的五行元素對照表〉

五行	木	火	土	金	水
十天干	甲、乙	丙、丁	戊、己	庚、辛	壬、癸
十二地支	寅、卯	午、巳	辰、戌、丑、未	申、酉	子、亥

為了讓讀者著更容易了解，筆者延續上一個範例，去解釋喜用神的找法。

1.範例：西元陽曆生日2000年4月11日丑時

透過萬年曆，可以找到農曆和陰曆生辰，以及八字的資訊。

2. 範例說明：

西元陽曆生日　2000年4月11日丑時			
〔年柱〕	〔月柱〕	〔日柱〕	〔時柱〕
庚	庚	己	乙
辰	辰	亥	丑

從對照表可以知道八字的五行屬性，這個範例當中，我們可以對應出以下八字的五行屬性。

3. 統計八字的五行元素

西元陽曆生日　2000年4月11日丑時			
〔年柱〕	〔月柱〕	〔日柱〕	〔時柱〕
庚（金）	庚（金）	己（土）	乙（木）
辰（土）	辰（土）	亥（水）	丑（土）

這個範例的八字五行元素，金有2個，木有1個，水有1個，土有4個。

這個範例沒有五行「火」的元素，而且土過盛。因為八字五行缺火，所以他的基本喜用神就是「火」這個元素。

精選八字五行與姓名學取名範例

黎春香／女／1992／2／13／吉時生

問題：

我的名字是「黎春香」，這個名字有諧音，「春香」跟「蠢相」近音，讓我容易成為別人取笑的對象，也不很時尚。

我對於音樂和語文很有興趣，現在正在念音樂系，平常喜歡表演，也會利用課餘時間進修外語。我希望未來能在音樂領域裡有好的發展，能到世界各地去表演；我希望有一個亮眼的名字，新的名字要具獨特性、高貴優雅、讓人容易一次就記住。

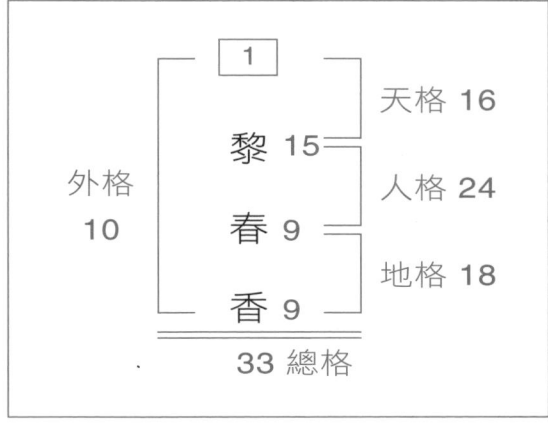

黎春香的姓名學三才五格靈動數

天格	16
人格	24
地格	18

外格 10

黎 15
春 9
香 9

1

33 總格

黎春香的八字命盤

黎春香的八字命盤圖表			
生辰：1992 年 2 月13 日吉時		壬申年正月初十日吉時	
〔年〕	〔月〕	〔日〕	〔時〕
壬申	正	初十	吉時
正財	正財	（命主）	正官
壬（水）	壬（水）	己（土）	甲（木）
申（金）	寅（木）	未（土）	戌（土）
傷官	正官	比肩	劫財
劫財	正印	偏印	食神
正財	劫財	偏官	偏印

黎春香的紫微斗數命盤

解天 巫德 　　天七紫 　　鉞殺微 　　旺平旺 　　　　　權 　　　　　乙 【父母宮】　巳	天 福 　　　　　丙 【福德宮】　午	紅寡 鸞宿 　　　　　丁 【田宅宮】　未	解天恩 神壽光　　　鈴星 　　　　　旺 　　　　　戊甲 【事業宮】
台蜚輔 輔廉蓋　　左天天 　　　　輔機梁 　　　　　廟廟 　　　　科　祿 　　　　　甲 【命宮】　辰	命盤生辰：壬申年 1 月 10 日 吉時 陽女 五行局：火六局		天天天破咸 廚刑空碎池　　地廉破 　　　　　　劫貞軍 　　　　　　平平陷 　　　　　　　己 【僕役宮】　酉
	天天 魁相 廟陷 《程式所有權人：兩儀數位工程坊 楊智宇 老師》 【版權所有，翻製必究，本網站保留一切權利】 　　　　　癸 【兄弟宮】　卯		天天天天 官月哭貴　　陀右 　　　　　　羅弼 　　　　　　廟廟 　　　　　　　庚 【遷移宮】　戌
陰天鳳 煞虛閣　　天文太 　　　　馬曲陽 　　　　旺平旺 　　　　　壬 【夫妻宮】　寅	天天月三八 姚喜德台座　　地武貪 　　　　　　空曲狼 　　　　　　陷廟廟 　　　　　　　忌 　　　　　　　癸 【子女宮】　丑	封龍天 誥池台　　火擎文天太 　　　　星羊昌同陰 　　　　平陷旺旺廟 　　　　　壬 【財帛宮】　子	孤 辰　　　禄天 　　　　存府 　　　　　旺 　　　　　辛 【疾厄宮】　亥

◆關於紫微斗數命盤分析詳解，請看本書第
九章：紫微斗數命盤與取名和改名的關
係，將有完整說明。

★ 從黎春香的八字五行來看

春香的八字命盤五行缺（火），因為她的八字缺火，便容易做事不積極、沒活力，虎頭蛇尾；需要多訓練自己的承擔能力，增加積極的行動力和企圖心，才能改善不足。從「黎春香」的名字來看，「春」「香」這兩個字的五行屬性為「火」，代表八字欠缺的元素，已經從名字補上。

★ 從黎春香這個名字來看

黎春香名字在姓名學的「外格」靈動數屬凶數。意味居住和房地產的運勢不佳，會不容易得到地利的幫助，且不利於家庭發展；另外「春香」的讀音不好聽，需要調整以利於個人自信和人際發展。

★ 黎春香的改名／取名方向

(1)從紫微斗數命盤來看

黎春香的命盤中，天機星和天梁星坐落命宮，而且星曜的強度很旺盛，這會讓她具有聰明靈巧的領悟力，並且兼具務實和刻苦耐勞的特質；她的命宮除了主星以外，還多了化祿星、化科星、以及左輔星，這些星曜的組合，會讓她對自己充滿信心，具有才華和領導能力，遇到挫折不會輕言放棄。

春香的財帛宮的主星是太陰星和天同星，福德宮沒有主星，這種組合搭配文昌星、火星和擎羊星，會讓她的賺錢能量具有穩定成長和爆發力強的兩種特質，也適合透過才藝和技術進

119

財。美中不足的是，她投資進財的能量較低，需要靠事業進財，而且多注意儲蓄，晚年才會有福份可享。

春香的紫微斗數命盤雖然命宮和財帛宮的能量很好，但事業宮和遷移宮的能量較弱，在事業發展和外出人際關係遇到的辛勞和阻礙比較多，需要比其他人多付出心力，才能漸漸順利。

此外，子女宮的狀況亦不佳，未來會因為家庭經營和子女的關係感到憂慮，感情方面也具有付出和爭吵的特質，所以對於家庭和感情，需要謹慎小心，才會漸入佳境。

(2) 從五行和名字來看

春香的五行缺（火），喜用神為（火）和（土），如果能夠以「火」生「土」，便能使五行獲得調和。

針對春香的八字、五行、紫微斗數命格，筆者將從姓名為她補充「才華技藝」、「發達」、「事業和求財順利」、「蔭家，子女孝順」、「好姻緣和家庭」的能量。

★ 黎春香的取名結果

以下十二組名字，針對黎春香的八字、五行、紫微斗數命盤，和她對自己的期待，所取的好名字。

黎亭均　黎星岑　黎宣辰　黎怡岑

黎穎誼　黎姿彤　黎禹彤　黎秋妍

黎音秀　黎璟萱　黎黛萱　黎燕蓉

這些好名字都會讓她的八字缺火的部份，透過姓名得到完整的補充，並且讓「木」生「火」，「火」生「土」，使五行能量能夠完善。

範例當中，春香很喜歡「黎音秀」這個名字，所以筆者再以這個名字當做範例，進一步解釋這個名字的由來和取名原因。

黎音秀的姓名學三才五格靈動數

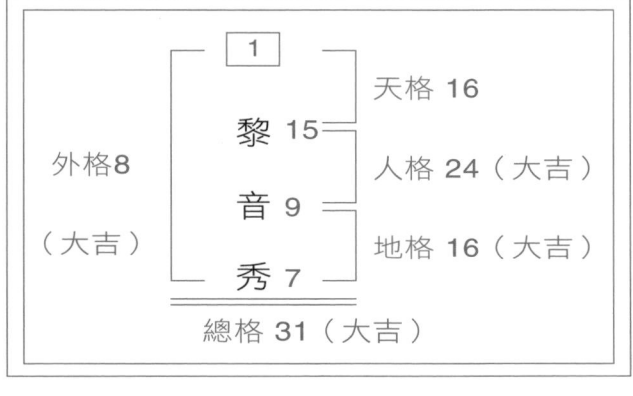

1	天格 16
黎 15	人格 24（大吉）
音 9	地格 16（大吉）
秀 7	
外格8（大吉）	總格 31（大吉）

★「黎音秀」的取名原因

以姓名學的八十一筆劃靈動數來看：

黎音秀這個名字的三才五格靈動數配置很好，名字的人格靈動數是24劃，代表著廣結善緣、白手起家、富貴雙收的涵義，這個靈動數會增加她的上進心和外出發展的人緣。此名的地格靈動數是16劃，這個吉數會帶給她好的家庭和感情運勢。此名的總格領動數是31劃，這個吉數代表首領格和名利雙收，這會增加她未來在事業上追求第一的信念和總體運勢。

以八字五行、文字解釋、紫微斗數命格來看：

黎音秀這個名字的「音」字五行屬「火」，「秀」字五行屬「木」，這兩個字的搭配，會讓木不停的生火，讓她可以補足八字命盤本身欠火的缺點。

黎音秀的紫微斗數命盤能量很強，本身適合從事藝術、音樂、表演的工作，而且求財命格也適合透過才藝進財，筆者特別選用「音秀」二字，去強化她天生命格的優點。「音」的文字本意代表「聲音、音調、佳音、消息」，這個字很適合她的才華和未來從事的職業；而「秀」的文字本意代表「優美、聰慧文雅、秀麗、優良」，這個字可以增加她的上進心，強化她對自己的要求和信念。整體來看，「音秀」二字具有才華洋溢、美妙的聲音、優秀、優美的特質，能開發她本身命格的潛能，對她有直接的幫助。

本章教學重點

1. 「甄子丹」姓名解析。
2. 「范冰冰」姓名解析。

第八章

名人姓名解析

影視紅星除了自身的努力外，姓名在他們的事業上又帶有何種影響力？

為何「甄子丹」出道多年，卻在近年才得以享譽盛名？

「范冰冰」於演藝事業能大鳴大放，為何在感情上需要多花費心力經營？

此章節將告訴你，單從名字如何看出其中端倪。

範例一：「甄子丹」姓名解析

甄子丹　1963年7月27日吉時

知名武術家、演員、導演。兼具大器華麗的武打動作和實戰的格鬥技巧。代表作品：葉問、錦衣衛、殺破狼、黃飛鴻之二：男兒當自強。

甄子丹的姓名學三才五格靈動數

```
            ┌ 1 ┐
            甄 14 ┐── 天格 15
   外格      子 3  ┐── 人格 17
    5        丹 4  ── 地格 7
            ───────
            21 總格
```

甄子丹的八字命盤

〔年柱〕	〔月柱〕	〔日柱〕	〔時柱〕
癸卯	六	初七	吉時
食神	偏印	（命主）	
癸（水）	己（土）	辛（金）	
卯（木）	未（土）	未（土）	
偏財	偏印	偏印	
	偏官	偏官	
	偏財	偏財	

▽楊老師解析：

甄子丹的八字五行欠火，透過姓名去改善，可以讓八字所欠缺的五行得以均衡發展。「丹」的本意就是赤紅色，其五行屬性就是「火」。透過這個字，可以讓甄子丹的八字達到調和，讓他具有相生的能量。

甄子丹名字的三才五格都是極佳的靈動數。人格和地格靈動數的配置，都是剛毅不屈、自信、自強不息的靈動數；總格靈動數，更是所謂的領導格局的強勁數，這些靈動數的特殊配置，會讓甄子丹具備異於常人的堅強意志力，不隨環境或是逆境改變自己的心志，而且會讓他期許自己能在武術的領域當中出人頭地。

子丹二字的配置，在五行來說屬於水火相剋，這種配置會讓他具有極大的爆發力和衝擊能量，但是也會增加人生旅途的起伏。正因如此，甄子丹的人生也會格外顯得精采。

範例二：「范冰冰」姓名解析

范冰冰　1981 年 9 月 16 日吉時

知名電影、電視劇演員，畢業於上海戲劇學院表演系。

第 44 屆台灣金馬獎最佳女配角、第 27 屆大陸百花獎最佳女演員。

代表作品：金大班的最後一夜、還珠格格 II、墨攻。

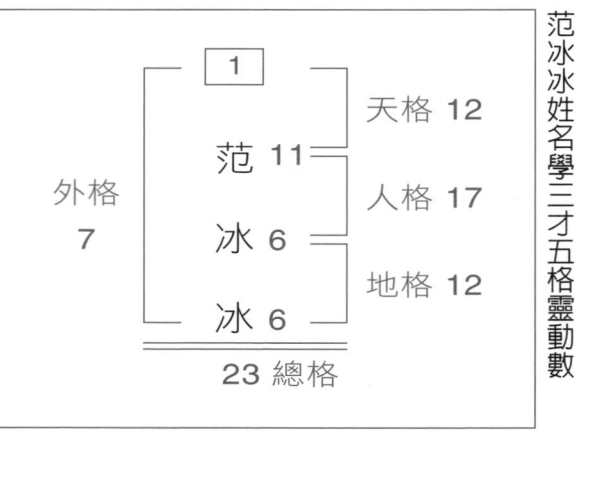

范冰冰姓名學三才五格靈動數

		外格 7		
	1			天格 12
	范 11			人格 17
	冰 6			地格 12
	冰 6			
	23 總格			

范冰冰的八字命盤

〔年柱〕	〔月柱〕	〔日柱〕	〔時柱〕
辛酉	八	十九	吉時
偏財	比肩	（命主）	
辛（金）	丁（火）	丁（火）	
酉（金）	酉（金）	酉（金）	
偏財	偏財	偏財	

▽▽ 楊老師解析：

范冰冰的八字「金」非常多，而且「火」過盛，這種命格需要透過姓名去調節，讓五行均衡發展，才會讓特殊的偏財和多金、賺錢的能量展現出來。范字屬「木和水」，冰冰二字屬「水」，這會讓她補充八字所欠缺的「木」和「水」；而且冰冰二字的水元素很多，這會增加她的智慧、聰明，也會強化情感豐富和隨機應變的能力，這對於演藝生涯有很大的助力。

范冰冰的人格配置是剛健不息的強數，總格配置是領導的吉數，這樣的靈動數會增加她對自己的期許，也會讓她在逆境當中會想突圍奮戰到底；但范冰冰的地格不佳，這代表她在感情和家庭方面要多努力，除了演藝事業發達以外，也需要多花心思在家庭和感情維繫，才會更完美。

本章教學
重點

1. 紫微斗數簡介。
2. 紫微斗數簡介與姓名學取名和改名的關係。
3. 紫微斗數排命盤的方式和基礎紫微斗數命盤解說。
4. 紫微斗數十四主星簡介和取名字適合的用字。
5. 紫微斗數六吉星簡介和取名字適合的用字。
6. 紫微斗數六煞星簡介和取名字避免用字。
7. 精選紫微斗數和姓名學取名範例。

第九章

紫微斗數命盤與取名和改名的關係

姓名學透過紫微斗數的觀點，能更暸解一個人的特質、才華能力、優缺點、一生喜忌、後天運勢，筆者將於此章節提出獨到的見解，讓你知道紫微斗數星曜和取名的關係。

紫微斗數簡介

❖ 紫微斗數的由來和發明者

紫微斗數這套算命的理論相傳是由五代末，宋初「陳希夷」所著。陳希夷又稱陳搏，是道家的練氣士，隱居於中國華山。在當時的年代，主流的算命方式是易經和八字，「陳希夷」的紫微斗數創作在當時，屬於顛覆傳統的全新思維，其透過十二宮和一百一十五顆紫微星的交互影響，去演繹和解釋一個人的命和運，準確度極高，至今仍廣為推崇，很適合現代複雜、速度快、多變化的時代。

紫微斗數自從被陳希夷發明以後，就一直不見天日，直到明朝末年才被人發現，被發現時已經被許多前輩修訂和補充，且中國人都有隱藏的習慣，所以目前所見的紫微斗數相關資訊，會和當初陳希夷的原著有所差異，目前最完整的紫微斗數書籍是「清朝木刻陳希夷紫微斗數全書」。

為何紫微斗數會不見天日這麼久，筆者推估有以下幾種可能，第一：當時的時代較保守，新的算命方式較難被傳統算命方式所接受。第二：陳希夷本人並不想要發表和公開。第三：紫微斗數命盤排盤方式相較於八字而言過於複雜，這會讓五代末，宋初的人難以接受。第四：紫

微斗數發明後，受到戰火、政治或經濟等因素，導致無法對外公開。不論哪種情形導致紫微斗數無法對外公開，所幸現在紫微斗數已經廣為流傳和發揚光大，社會大眾也願意接受這種算命方式。

❖ 紫微斗數的特色

紫微斗數透過一百多顆紫微星以及關於人生方向的十二宮位，推演你人生格局的高低和一生運勢、命運好壞、吉凶、優缺點，讓你知道自己的命、運，還有人生的方向。

附註1 紫微斗數的十二宮包含：命宮、事業宮、財帛宮、遷移宮、夫妻宮、福德宮、父母宮、子女宮、兄弟宮、交友宮、疾厄宮、田宅宮。紫微星依照等級區分，可分成甲級星、乙級星、丙級星、丁戊級星。甲級星影響最大，丁戊級星影響最小。本章節將針對紫微斗數的十二宮位、甲級星與姓名學的關係，進行完整說明。

紫微斗數與姓名學取名和改名的關係

傳統的取名字和改名字的方式，只透過八字、生肖、五行、易經陰陽、字形字義來取名，

筆者的取名字和改名字，會融入紫微斗數命盤的算命元素，讓取名的方式和角度更爲完整。

從紫微斗數的命盤中可以看出每個人的命格高低、格局大小、個性、能力、才華、優點、缺點、長處、短處，掌握這些重要資訊後，再進行取名字和改名字，才能針對個人需求取好名字，這種概念跟企業管理所說的SWOT是一樣的涵義。

命格長處透過取好名字進行畫龍點睛，可以讓你整體的氣勢和能量展現出來；命格的缺點透過姓名的字義去改善，就能避開先天的不足，這種趨吉避凶的取名和改名方式，也是楊智宇老師姓名學的核心精神。

舉例來說，沒有主見和優柔寡斷的人，取名字的用字一定要避免使用虛無飄渺的文字涵義，例如：小、乙、三、少、凡、仲、亞、平、攸、柔、念、思、萍、雲、慈、綿、寒、煙、泛、幽、靜⋯。這些文字都具有柔弱、能量小，次要等級的涵義；對於優柔寡斷、容易想東想西的人，使用這些文字做名字使用，會讓先天的缺點放大，對命格不利。

有這種猶豫性格的人，該使用哪些字才能避免不足呢？下面是推薦的好字，例如：一、大、升、立、力、日、定、旭、成、亨、克、金、武、玲、官、冠、君、鈞、泰、剛、軍、權、威、強、展、威、明、靖、瑩、晶、瓊、俐⋯。使用這些字，可以讓本來三心兩意的人，變得果斷和堅強，增強其定見和主導能力。

132

紫微斗數排命盤的方式和基礎紫微斗數命盤解說

❖ 紫微斗數命盤的排盤方式

想要了解紫微斗數，第一步驟就是排出自己的紫微斗數命盤。紫微斗數命盤需要的資訊是一個人的出生年、月、日、時辰、性別。紫微斗數命盤的細緻度和完整度很高，排盤方式比較複雜。為了讓讀者能快速查閱自己的紫微斗數命盤，楊老師提供完整免費紫微斗數線上排命盤程式，只要讀者在網站上輸入生辰資料，就會得到免費的本命、十年大限、流年、流月紫微斗數命盤。

繁體網址：http://www.life-guide.com.tw/test.php

簡體網址：http://www.life-guide.com.cn/test.php

例如：在網站上輸入生辰一九八六年六月一日，女生，就會出現完整的紫微斗數命盤。

※附註：以下的紫微斗數命盤解說，都將依照這張命盤來講解。

遷移宮（癸巳）
地空 廟　地劫　祿存　武曲 平　破軍 閒
天官　孤辰　空亡　病　博士　亡神　貫索
63~72

疾厄宮（甲午）
擎羊 平　太陽 廟
龍池　三台　衰　官府　天使
53~62

財帛宮（乙未）
火星 閒　右弼　左輔　天府 廟
天喜　月德　帝旺　伏兵　官符　將符
43~52

子女宮（丙申）
太陰 平　天機 平　天馬 旺　權
陰煞　封誥　天虛　鳳閣　八座　天貴　臨官　官耗　歲驛　大耗
33~42

僕役宮（壬辰）
陀羅 廟　文昌 旺　天同 平　科　祿
天姚　天哭　截路　死　力士　天殤　月　喪門
73~82

夫妻宮（丁酉）
鈴星 陷　貪狼 平　紫微 平　天鉞
破碎　冠帶　病符　息神　龍德
23~32

事業宮（辛卯）
天空　咸池　天基　青龍　咸池　晦氣
83~92

兄弟宮（戊戌）
巨門 旺　文曲 陷
解神　蜚廉　華蓋　沐浴　喜神　旬中　白虎　華蓋
13~22

田宅宮（庚寅）
恩光　天月　絕　小耗　指背　歲建
93~102

福德宮（辛丑）
七殺 廟　廉貞 旺　忌
紅鸞　寡宿　天才　天壽　胎　將軍
103~112

父母宮（庚子）
天梁 廟
天福　天廚　天刑　天輔　天台　養　奏書　災煞　弔客
113~122

命宮（身宮）（己亥）
天相 平　天魁 旺
天巫　天德　長生　飛廉　空亡　劫煞　天德
3~12

●命盤生辰：丙寅 年4月24日 午時 陽女
●五行局：木三局
●寅首：庚
●命宮：亥
●身宮：亥
●命宮主星：天相星
●命宮三方四正的六吉星：
　　天魁星、左輔星、右弼星
●命宮三方四正的六煞星：
　　地空星、地劫星、火星
●本命四化星：
　　天同星 化祿 在僕役宮
　　天機星 化權 在子女宮
　　文昌星 化科 在僕役宮
　　廉貞星 化忌 在福德宮

圖 9-1　紫微斗數命盤範例

❖ 紫微斗數的微觀分析和宏觀分析

紫微斗數的這套算命理論，將人生規劃出十二個宮位，並透過不同的紫微星在不同宮位，去解釋你的命和運。對於初學者而言，可以先從微觀分析開始了解，進而學習進階的宏觀分析方法。

所謂微觀分析，就是了解紫微斗數星曜在十二宮的解釋。例如：上面的命盤中，命宮的甲級主星有天相星和天魁星，了解這兩個星曜在命宮的解釋，就是屬於微觀分析。

宏觀分析，便是了解宮位和宮位之間交互的影響、本命和運勢之間交互的影響、特殊格局之間交互的影響。能用寬廣和全面的角度去分析命盤，就能進一步掌握相關命和運的因果關係。例如：上面的命盤中，跟命宮有關係的宮位，會是事業宮、財帛宮、遷移宮、身宮、以及福德宮。了解以上宮位和宮位、以及星曜和星曜之間的交互影響，就屬於宏觀分析的範疇。

❖ 紫微斗數的基本功

(1)了解十二宮所代表的意思。

(2)了解十二宮之間的交互影響、和三方四正的涵義。

(3)了解紫微斗數紫微星曜的本意，以及每顆紫微星在十二宮的解釋。

(4)了解本命命格吉凶好壞、十年大限運勢吉凶好壞、流年運勢吉凶好壞；透過以上三種層面的交互影響，去分析現在、過去、未來的命運局勢。

❖ 紫微斗數十二宮

(1)命宮

命宮是紫微斗數命盤最重要的宮位。對內來說，命宮可以看出你的個性、心中的想法、人生觀、人格特質、專長、興趣喜好、優點與缺點。對外而言，命宮可以代表你的行為舉止、面對各種事物的反應。

分析命宮、事業宮、遷移宮、財帛宮的星群組合，就能知道你的格局大小，具有哪些才華和能力，以及人生的發展方向。

(2)兄弟宮

兄弟宮可以看出你和兄弟姐妹的關係，兄弟姊妹的個性、行為和人格特質。可以從兄弟宮和命宮三方四正的星群組合，了解你與兄弟姊妹的相處模式、關係是否密切、並且可看出誰的主導權比較多、氣勢比較強。兄弟宮是屬於六親的宮位，如果能夠用你的命盤和他們的命盤一起比對，以上的分析就會更明確。

136

(3)**夫妻宮**

夫妻宮可以知道你的天生感情狀況，喜歡哪一種類型的配偶、適合你的理想伴侶、對婚姻的掌握程度、感情發展會不會遇到第三者、會不會容易爭吵、是否會晚婚、桃花多寡、你的擇偶條件。未婚者可以從大限與流年當中，看出邂逅的對象；已婚者可以從大限與流年當中，看出婚姻的好壞與該注意的地方。

比對夫妻宮和命宮三方四正的星曜組合，可以知道你對另一半的感覺、雙方的關係、相處情況，並且可看出誰的主導權比較多、氣勢比較強。如果用男女雙方的紫微斗數命盤交互分析，就會知道兩人是否適合在一起，雙方實際的互動，以及未來兩人感情經營要注意的地方。

(4)**子女宮**

子女宮可以看出生育能力、你和子女的關係、子女的狀況、子女的人格特質。另外子女宮也可以看出你跟晚輩之間的關係。子女宮配合田宅宮，可以看出閨房生活的和諧度。女性亦可以透過子女宮看出懷孕生產的狀況。

分析子女宮和命宮三方四正的星曜組合，可以看出你對子女的感覺、彼此的關係、相處情況，以及你對子女的教育方式。要進一步了解親子關係，需要將父母親的命盤和子女的命盤交互比對，就能看出因果和實際的交互影響。

(5) 財帛宮

財帛宮可以瞭解賺錢能力高低、賺錢過程會遇到的情況、富裕或是窮困、賺錢的方式、管理錢財的能力、財務狀況、物質的慾望、經商與投資的結果、收入與支出之間的關係。

比對命宮、財帛宮、事業宮、福德宮的星群組合，可以知道你的求財命格高低、一生財富吉凶狀況、是否會辛苦賺錢、是否會偏財運。

(6) 疾厄宮

疾厄宮可以瞭解身體與心理的狀況，是否健康、是否容易生病，性能力強弱，晚年會有哪些身體的毛病。分析疾厄宮、田宅宮、兄弟宮、父母宮的星群組合，可以了解家族遺傳狀況和深入了解自己身心方面的疾病。

(7) 遷移宮

遷移宮可以瞭解自己的人際關係、外出發展狀況、外出發展是否有貴人相助、旅遊狀況、是否適合到國外念書和發展事業。

(8) 交友宮

交友宮又稱奴僕宮，這個宮位可以看出你跟朋友或是同事之間的關係，你對朋友的偏好、對他們的看法、喜歡結交哪些朋友，以及朋友的個性和人格特質。

分析交友宮和命宮三方四正的星群組合，可以看出你和朋友與同事之間互動情況，誰的主

導權比較多、氣勢比較強。針對你的朋友，可以透過你和他們的紫微斗數命盤，知道彼此之間實際的互動情況，是益友還是損友，他們是否對你有幫助。

(9) 事業宮

事業宮可以瞭解自己的做事能力、工作和事業是否會有成就、找工作的狀況、是否會升遷、適合的職業和科系、適合創業或是當員工、工作和事業會順利發展還是勞心勞力、考運好壞、事業貴人多寡。

分析事業宮、命宮、夫妻宮、財帛宮、遷移宮的星群組合，並且搭配十年大限和流年運勢，可以知道一生事業的發展狀況，事業要注意的地方。

(10) 田宅宮

田宅宮可以瞭解自己的房地產和土地的多寡、繼承祖產或是白手起家，居住生活和品質。

古人說：「有土斯有財」，所以田宅宮又可以當成財庫。

分析田宅宮、疾厄宮、兄弟宮、子女宮的星群組合，可以知道自己和親人之間財富移轉的狀況。

(11) 福德宮

福德宮可以瞭解自己晚年是否會有福分可享、福份多寡、精神狀況與物質享受、投資是否會獲利、是否會有被動收入、是否有偏財運。

139

⑿父母宮

父母宮可以瞭解你和父母親的關係、父母的個性和行為、父母教導你的態度與方式、你對父母親的看法與感覺。父母宮也可以看出你跟上司、長輩、師長之間的關係。

❖ 紫微斗數甲級星

紫微斗數的甲級星一共三十二顆，這些星曜對於紫微斗數命盤的影響最強。分析命盤的時候，一定要以這些為主體。對照「圖9-1：紫微斗數命盤範例」，可以看出標準紫微斗數命盤，都會在右上方標示甲級主星的位置。

甲級星包含

⑴十四主星

紫微星、天府星、廉貞星、武曲星、天相星、七殺星、破軍星、貪狼星、天機星、太陰星、天同星、天梁星、太陽星、巨門星。

⑵六吉星

左輔星、右弼星、文昌星、文曲星、天魁星、天鉞星。

⑶六煞星

火星、鈴星、地空星、地劫星、擎羊星、陀羅星。

(4)四化星

化祿星、化權星、化科星、化忌星

(5)其他甲級星

天馬星、祿存星。

舉例說明：「在圖9-1紫微斗數命盤範例」，可以看出，遷移宮右上角的甲級主星有「武曲星、破軍星、祿存星、地空星、地劫星」。

❖ 紫微斗數乙級星

紫微斗數的乙級星一共三十二個。乙級星具有一定程度的影響力，雖然作用力不如甲級星，但是許多細節都需要透過乙級星的輔助，才會更完整。

完整的乙級星包含：

八座星、三台星、天才星、天月星、天刑星、天巫星、天官星、天空星、天姚星、天哭星、天喜星、天虛星、天貴星、天壽星、天福星、天廚星、天德星、月德星、台輔星、孤辰星、咸池星、封誥星、紅鸞星、恩光星、破碎星、陰煞星、華蓋星、解神星、寡宿星、鳳閣

星、蜚廉星、龍池星。

舉例說明：「在圖9-1紫微斗數命盤範例」，可以看出，遷移宮左邊靠近中間的乙級星曜有「孤辰星、天官星」。

❖ 紫微斗數丙級主星

紫微斗數的丙級星一共二十九個。丙級星的影響力量最小，不如甲級星和乙級星。丙級星的解釋可以當作輔助，主要仍要依照甲級星和乙級星為主體。

完整的丙級星包含：

力士、大耗、小耗、天使星、天傷星、伏兵、旬中、死、沐浴、官府、空亡、長生、青龍、冠帶、奏書、帝旺、胎、飛廉、病、病符、衰、將軍、博士、喜神、絕、墓、截路、養、臨官。

舉例說明：「在圖9-1紫微斗數命盤範例」，可以看出，遷移宮左邊靠近下面的丙級星曜有「博士、病、空亡」。

❖ 紫微斗數丁戊級星

紫微斗數的丁戊級星一共二十四個。丁戊級星的主要作用，主要是用來分析流年運勢、流月運勢、流日運勢。

完整的丁戊級星包含：

亡神、大耗、小耗、天煞、天德、吊客、月煞、白虎、劫煞、災煞、官府、咸池星、指背、息神、病符、將星、晦氣、貫索、喪門、華蓋星、歲建、歲驛、龍德、攀鞍。

舉例說明：「在圖9-1紫微斗數命盤範例」可以看出，遷移宮右邊靠近下面的丁戊級星曜有「亡神、貫索」。

❖ 十二宮位沒有十四主星

紫微斗數一共有十四主星，以及十二個宮位。當宮位沒有主星鎮守時，就可以稱爲「沒主星」，或是「空宮」。宮位沒有主星，代表該宮位的能量較弱，氣勢較差，會比較辛苦才看得到成果。

舉例說明：「在圖9-1紫微斗數命盤範例」，可以看出這張命盤的事業宮沒有主星，代表此人的事業能量較弱，需要比別人還辛苦付出，才會漸漸有收穫。

❖ 紫微斗數十年大限運勢

紫微斗數命盤可以知道一個人的十年運勢。十年運勢是整合十年的結果，可以看出整個十年的運勢走向，這十年的好壞吉凶。假使本命的求財能量普通，但是十年大限走旺財運，那麼這十年會因為運勢的關係，讓賺錢特別順利，也會遇到較多賺錢的機會。

本命的紫微斗數命盤可以了解十年大限的時間區格，舉例說明：「在圖9-1紫微斗數命盤範例」，可以看出這張命盤的十年大限行運時間是從三歲開始，十年運勢的時間區格為3歲～12歲，13歲～22歲，23歲～32歲，33歲～42歲，43歲～52歲，53歲～62歲，63歲～72歲⋯。

❖ 紫微斗數流年運勢

紫微斗數可以算出每個人的今年流年運勢。流年運勢會是今年一整年的整合結果，相較於十年運勢，流年運勢的時間比較短，所以當運程轉換的時候，會讓人有深刻的感受。流年運勢的時間區格是農曆年的大年初一開始，到除夕為止。

❖ 紫微斗數特殊格局

某些特定的紫微斗數星曜碰在一起會產生特別的能量，這就是所謂的「特殊格局」。例如

144

太陽星、天梁星、文昌星、化祿星，這四個星曜碰在一起，就形成「陽梁昌祿」格，這個格局代表極佳的學習能力和事業能量，對於唸書、考試，以及事業發展有利。常見到的特殊格局有「君臣慶會格」、「火貪格」、「鈴貪格」…等等。

❖ **對宮**

指本身宮位的對面宮位。例如命宮的對宮為遷移宮、父母宮的對宮為疾厄宮、福德宮的對宮為財帛宮、田宅宮的對宮為子女宮、事業宮的對宮為夫妻宮、交友宮的對宮為兄弟宮。以此類推，此六種關係反之亦然。在紫微斗數中，對宮星曜的能量會影響到本身宮位，在三方之中其影響力甚鉅，因此在研究本身宮位的特徵時，也要參考對面宮位的星曜能量特性。

❖ 三方

以本身宮位爲主，以順時鐘方向（包含命宮）順數至第五宮，逆時鐘方向（包含命宮）逆數至第五宮，再加上對宮，合起來即爲「三方」。以命宮爲例，順數至第五宮爲事業宮，逆數至第五宮爲財帛宮，對宮爲遷移宮，此三宮就是命宮的三方。

❖ 四正

三方再加上本身宮位，即是「三方四正」。在研究命盤各宮位的變化時，必須參考三方四正的星辰能量，因爲彼此都將交互影響。三方四正的論命方式，會是宏觀分析的基礎。紫微斗數的十二宮，每一個宮位都會有自己的三方四正。

❖ 身宮

「身宮」代表一個人後天比較在意的事情。通常身宮所坐的宮位與人生追求方向有較密切的關聯，例如身宮所坐的宮位爲事業宮，則一生對事業的企圖心較強，也傾向將生活重心放在工作上。

146

舉例說明：「在圖9-1紫微斗數命盤範例」，這個命盤的身宮和命宮在同一宮，代表此人比較在意自己，而且先天和後天的追求目標一致。

❖ 會照、逢之、遇之、加遇

在討論星曜的影響，常會用到這些名詞「會照、逢之、遇之、加遇」，這些都是代表某一宮位的三方四正所遇到的星曜。

舉例說明：「在圖9-1紫微斗數命盤範例」，這個命盤的命宮有天魁星，財帛宮有左輔星和右弼星，所以在紫微斗數裡面，特殊的術語就是：「命帶天魁，會照輔弼」。

❖ 廟、旺、地、平、陷

紫微斗數的命盤當中，甲級星除了不同宮位有不同的解釋以外，還會標明每顆星的能量強度。而廟、旺、地、平、陷的五個等級，正是說明星曜的強弱。其中廟的能量最強，陷的能量最弱，其餘依次由上向下遞減能量。

舉例說明：「在圖9-1紫微斗數命盤範例」，命宮的天相星能量較弱，等級是「平」；父母宮的天梁星能量最強，等級是「廟」。

紫微斗數十四主星簡介和適合的用字

＞＞楊老師貼心建議：

每顆星曜雖然能量有高有低，但是星曜的本質都是一樣的。命盤裡面星曜強弱會均衡分布，所以平常心面對這些等級的分數即可。

紫微斗數的十四主星包含：紫微星、天府星、廉貞星、武曲星、天相星、七殺星、破軍星、貪狼星、天機星、太陰星、天同星、天梁星、太陽星、巨門星。

紫微斗數十四主星是命盤的主角，對一個人的影響很大。不同的主星座落不同的宮位就會有不同的效果和影響力。本章節將說明十四主星的特性和本質、十四主星在命宮對一個人的影響、十四主星適合的姓名學取名和改名用字，以及特別收錄十四主星的星曜傳說。

讀者需要先排出自己的紫微斗數命盤，並且在命盤裡面找出自己的命宮主星，只要找到自己的主星，再對照下面的解釋，就會知道自己的本質、個性、能力，以及適合自己紫微斗數命盤的取名喜用字。

如果你的命宮沒有主星，就要依照對宮「遷移宮」的主星來分析。如果你的命宮有兩顆主星，代表你具有這兩種主星的能量，適合你的取名用字也會比較多元。

★紫微星

- 紫微星的傳說：

紫微星在封神演義的代表人物是周文王的長子伯邑考。伯邑考是一名美男子，心地善良、孝順。他的父親周文王將他送到商國作人質，卻被紂王殺死，因此失去登上王位的機會。伯邑考死後受封在紫微星，為尊貴的代表。

- 紫微星的本義：

紫微星是甲級星；紫微星屬土為北斗星之帝星，喜好權威顯貴，略帶傲氣，喜掌權。

- 紫微星在命宮的個性：

1. 紫微星在命宮的你，自尊心比較強，會特別注意自己的一舉一動，想要在各方面得到大家的肯定。

2. 對自己有信心，並且有強烈的領導慾望，希望生活週遭的人、事、物，能夠配合你的想法來做事。而且你的主觀意識比較強烈，別人的想法或是觀念跟自己不同，你會認為自己才是對的。

3. 不管做任何事情，都會比較重視面子，並且略帶一點傲氣，有一種以我為尊的感覺。

4. 紫微星跟天府星很類似，在紫微斗數裡面都是帝王星，代表尊貴，差別的地方在於紫微星的尊貴會直接表現出來，而天府星的尊貴會比較內斂。

喜用字	
文字涵義具有主導、表現、掌握、美麗、才華洋溢的涵義，都適合紫微星。 舉例說明：一九千大上玉王主金立令功甲君奕芳芙英姿美貞紫棠泰統冠傑偉峰勳婕捷權豪威儀黛龍鳳勵麗璽。	・紫微星在命宮的行為： 1. 不論事業或是學業，你都希望能夠掌握全局，並且會想指揮其他人去完成目標。做事的態度認真，求好心切，希望能有好的表現，並且得到人家的尊重與肯定。 2. 紫微星是一個帝王星，代表尊貴，你的命宮三方四正的星群格局非常強勢，具有承擔事務的能力。如能下定決心去追求目標，通常都會讓你完成任務。 3. 紫微星在命宮的你，不喜歡受人指揮，如果事業方面不能讓你有所發揮，你會容易有所埋怨，有一種有志難伸，龍困淺灘的感覺。不能突破現況，會讓你覺得難過與痛苦。另外，受到自尊心強的關係，對於那種沒有面子，或是到處碰壁的事情，會讓你感到難堪。 4. 紫微星最需要在命宮、事業宮、財帛宮、遷移宮遇見左輔星或是右弼星，因為左輔星與右弼星就好像皇帝的左右手，對於領導、規劃、執行、以及人際關係都有幫助。如果紫微星沒有遇見左輔星或是右弼星，就會變成孤軍奮戰，整體能量就會降低。

★天府星

- 天府星的傳說：

天府星在封神演義的代表人物是紂王之妻姜太后。姜太后心慈有德，賢淑有才華，對百姓很好，幫助紂王施行仁政。但是後來紂王被妲己迷惑後，姜太后逐漸失寵，最後爲妲己所殺害。姜太后死後被封於天府星，成爲財富之神，掌管財富、慈悲、衣食。

- 天府星的本義：

天府星是甲級星；天府屬土，爲南斗星的帝星。天府星代表財富、慈悲、衣食。

- 天府星在命宮的個性：

1. 天府星在命宮的你，個性穩重不輕浮，心胸寬大，而且帶有一點慈悲心。對自己要求會比較高，認爲只要自己夠努力，就會有不錯的結果。

2. 對自己有信心，但卻知道韜光養晦，不會光芒外露，有著深沉和內斂的自尊心，希望自己能受到肯定，但不會好大喜功。

3. 天府星跟紫微星類似，在紫微斗數裡面都是帝王星，代表尊貴，差別的地方在於紫微星的尊貴會直接表現出來，而天府星的尊貴是偏向內心。

4. 待人接物有自己的原則，認爲沒有規矩不能成方圓，不會做出超乎能力範圍的事情，或是不符合規定的舉動。

5. 你會使用以德服人的方式，讓別人接受你的觀點。外圓內方，柔中帶剛的技巧是你處世的風格。

喜用字	
泰偉經國廣華釩惠欽敏昶春實鴻鳳凰。 舉例說明：中方文仁立久府宇好伯成君宏海高沛雨佳宜尙坤道基碩府星。 文字涵義具有主導、掌握、穩定中求發展、外圓內方、人緣好的涵義，都適合天	6. 對自己要求比較高，會希望自己各方面能不斷的進步與成長，這是你邁向成功的原動力。 • 天府星在命宮的行為： 1. 天府星在你的命宮，代表你善於承先啓後與防守，對於工作或是學業，你會把相關的事物協調好，讓事情不會混亂，並且能在一個穩定的環境當中，當一個稱職的幹部或是領導者。 2. 做事穩健有原則，對於自己本身該做的事情不會推託，並且會想把事情做好，得到別人的信賴與掌聲。 3. 對於做事的節奏，你會用穩健的腳步進行。激進的做事節奏，比較和你的個性不符合。 4. 天府星代表的是大庫房，裡面可以容納很多人、事、物，如果這個庫房雜亂不堪，就會讓你心煩，例如：別人懶散、環境髒亂、惡勢力、不公平……，面對這種事情，你的態度就是能管則管，如果不能管，至少把本分做好。 5. 在命宮的三方四正能遇到左輔星或是右弼星其中之一，會讓你具有領導統馭的基因，只要能夠多加歷練，在各行各業裡面，可以成爲一個不錯的人才。

★廉貞星

- 廉貞星的傳說：

廉貞星在封神演義的代表人物是紂王身旁的奸臣費仲。費仲是個諂媚、挑撥是非的人，忌妒比干、聞太師這般忠臣。費仲死後封於廉貞星，成為交際、公關、應變的代表。

- 廉貞星的本義：

廉貞星是甲級星；廉貞屬火，北斗第五星，化氣為囚。廉貞星代表公關、交際、應變、保護自己也保護別人。

- 廉貞星在命宮的個性：

1. 你會重視人際關係，因為你知道把這些關係處理好，才能讓自己更有發揮的空間，也會希望表現良好的一面，好讓自己得到別人的讚美。

2. 內心深處的秘密與想法，不會輕易讓人發現，非常重視個人隱私權。

3. 你的內心深處是以自我為中心，但卻又非常重視人際關係，這兩者之間存在著矛盾與衝突，所以常常會讓你有人前一個模樣，人後又是另一個模樣的情況。

4. 反應能力不錯，懂得應變，遇到困難會努力找方法解決問題。

5. 對於公關、交際、設計、技術、藝術、美術方面有天份，經過開發與磨練以後，可以成為不錯的人才。

喜用字	• 廉貞星在命宮的行為： 1. 廉貞星不會給人咄咄逼人、自以為是的感覺。因為如此，往往會讓人願意跟你交朋友，並且對你產生好感。 2. 處世以圓融為主，對於自己的言行舉止會小心謹慎。說話之前，會在腦子裡面轉一圈才說出口。做事之前，會考慮對自己或是其他人有沒有害處。也因為如此，比較少得罪其他人。 3. 會認真將份內的工作完成，也會把相關的人、事、物之間微妙的關係處理好。 4. 善於觀察細微的事情，揣測別人的想法，對於外交與公關有一定天份，經過開發與訓練以後，一定可以展現這種特殊的能力。 5. 用另一種角度看待廉貞星，具有疑心病重，不輕易相信他人的特質；要求完美，常給自己精神上帶來較大的壓力。 文字涵義具有美感、人緣好、裝飾、口才、表現與希望受到信任的涵義，都適合廉貞星。 舉例說明：立中之言成程承法哲互友永竹任安如妍佳容信昌庭徐書宸茹淳誠嘉榮耀善賢思誼喬瑩媛韻蔚蓮瑛謀經權。

★武曲星

・武曲星的傳說：

武曲星在封神演義的代表人物是周文王的兒子周武王。周武王為因為紂王無道，所以率諸侯東征，於牧野將其打敗，最後讓紂王自焚而死。武王得天下，當上皇帝，在位十九年使國人過著和平快樂的生活。武王死後受封在武曲星，成為財富之神，掌管財富、武勇、不斷的努力。

・武曲星的本義：

武曲星是甲級星；武曲屬金，乃北斗第六星。武曲星代表財富、武勇、不斷的努力、執行力、毅力、開創、義氣。

・武曲星在命宮的個性：

1. 武曲星在命宮的你，個性務實，剛毅，果決，對自己想要追求的目標很執著，不容易動搖信念。

2. 待人處世方面有自己的原則，理性多於感性。有自己的主張，主觀意識比較強，擅長規劃和執行，重視實質的報酬。

3. 個性強勢，有擔當，有責任心。

・武曲星在命宮的行為：

1. 武曲星具有主動和積極的特質，認為努力就有收穫。不論從事哪一種工作，都會以身作則，希望把事情做到最好。面對各種任務，既要規劃，也要帶人去執

★天相星

- **天相星的傳說：**

天相星在封神演義的代表人物是紂王的部下聞太師。聞太師能帶兵打仗，對紂王忠心耿耿，又能體恤士兵。聞太師為了商朝帶著軍隊對抗西周，不幸戰死。因為忠心，死後受封於天相星，成為忠誠之神。

- **天相星的本義：**

天相星是甲級星；天相星屬水，南斗第五星，為司爵之星，為壽，化氣為印。天相星代表協調事務的能力很好、隨和、主動、有同情心。

- **天相星在命宮的個性：**

1. 天相星就是天上的宰相，宰相具有一人之下，萬人之上，善於溝通與協調的本質。天相星在命宮代表你是一個守規矩，會顧全大局的人；在待人處世方面，

喜用字

舉例說明：力主百行后宇金升成亨使財蔚將隆武斌軍甫泰昇銓禹鈺堅建剛毅義勤運澤豐勵蘭藍實鎰。

文字涵義具有主導、努力、勤勞、財富、可信賴的涵義，都適合武曲星。

2. 在命宮的三方四正，能遇到左輔星或是右弼星其中之一，會讓你具有領導統馭的基因，只要能夠多加歷練，一定可以成為一個不錯的人才。

行，在勞心勞力的情況之下，會磨練出一種堅定的意志力。

156

喜用字	
舉例說明：方中文勻友攸丞芝宜均助相卓家平成厚圓誠承樂勤識瓊 寶堂斌謙為維權蘊壽懿瑜昆周姍珮婉茜哲展。 文字涵義具有平衡、主導、外圓內方、均衡、人緣好的涵義，都適合天相星。	會想要維持一切的平衡，認為沒有規矩不能成方圓。 2. 思慮周延，而且會顧慮到各個層面，個性穩重，喜怒不易表現出來。這些本質會讓你容易得到別人的信賴，別人也樂意跟你交朋友。 3. 寬以待人、嚴以律己，是你的待人接物的指導方針。在這個原則之下，你會把人際關係處理的很好。 ・ 天相星在命宮的行為： 1. 做事有條理，並且具有溝通與協調的天份，對人與對事都希望維持微妙的平衡關係。這種平衡的概念很廣泛，包含思想、行為、事物、環境的平衡。如果人、事、物是處在一個混亂的局面，會讓天相星非常無力，並且讓你的潛力無法發揮。 2. 做人做事你會很謹慎小心。誠實與清白這兩件事情，你會比較看重。 3. 天相星是一個好的輔佐的人才，對於任務會盡力做到最好。但是要注意，天相星易蕭規曹隨，創新的能力不夠，面對變動的環境容易適應不良。

★七殺星

• 七殺星的傳說：

七殺星在封神演義的代表人物是黃飛虎。黃飛虎原為紂王手下一員大將，因為妻子賈夫人被紂王害死，黃飛虎含恨轉投周武王，參加伐紂王的行列。黃飛虎死後受封於七殺星，成為戰鬥之神，掌管威猛。

• 七殺星的本義：

七殺星是甲級星；七殺屬火，南斗第六星，斗數中的上將。七殺星代表有衝勁、風險、變動、孤獨、有領導能力。

• 七殺星在命宮的個性：

1. 七殺星在紫微斗數裡面是一個將軍星，可以把重責大任一肩扛起，有責任感。因為這種個性，亦養成一種獨立、剛毅的性格。

2. 七殺星在命宮的你，在思考問題的時候，會以顧全大局為重。

3. 七殺星在命宮的人好勝心強，不服輸，心理會想要跟別人競爭，而且希望自己能夠勝出。

4. 「將在外，君命有所不受」，這句話就是七殺星最好的寫照，所以七殺星座命的人，領導慾望比較強烈，吃軟不吃硬，因為如此有一種高處不勝寒的感覺，不易遇到知音，有苦自己吃。

喜用字

• 七殺星在命宮的行為：

1. 七殺星是一個將軍星，做事有衝勁，善於策劃與執行任務，運籌帷幄，決戰千里之外。喜歡獨當一面，不拘小節，做事有魄力。

2. 七殺星在命宮的你，處世待人較不圓融，容易我行我素，希望別人都能配合你。

3. 你是一個閒不下來的人，身體力行與事必躬親是最好的形容詞。

4. 命宮的三方四正遇到左輔星或是右弼星其中之一，會增加你的領導統駁能力，對你的命格有幫助，並且可以改善先天的不足。

文字涵義具有主動、積極、掌握權力、財富、不受拘束的涵義，都適合七殺星。

舉例說明：主力行功克君成芳玲茂凌喜洲冠航海沛進揚倚益師財勇會琳森鈺義資鼎博軍誌遙嫣威守穎燕勳。

★破軍星

• 破軍星的傳說：

破軍星在封神演義的代表人物是紂王。紂王早年勤政愛民，後來沈迷於酒色，危害百姓，最後紂王被周武王打敗。紂王死後被封於破軍星，成為破壞之神，掌管破壞、耗損。

• 破軍星的本義：

破軍星是甲級星；破軍屬水，北斗第七星。在天為殺氣，在數為耗星，化氣曰

喜 用 字	文字涵義具有自在、變動中求發展、競爭、不受拘束的涵義，都適合破軍星。 舉例說明：天川夫申伸沖克炎登沛池君泰風豪帥雷鎂海馨進發達翼 喜捷森遼闊廣煌霆鋒歡邁萬馳軍創。

・破軍星在命宮的個性：

1. 破軍星在命宮，代表你的個性喜好多采多姿的生活，喜歡接受挑戰。個性剛硬，吃軟不吃硬，佔有慾較強。有主見，對於自己認定的事情不容易改觀。

2. 個性比較衝動，對於喜惡的反應直接，不善於拐彎抹角。

3. 對於自己或是所處的環境只要認為不妥當，就會想要改變他們，希望變的更好。以自我為中心，不喜歡被限制。

・破軍星在命宮的行為：

1. 具有開創的能力，以及改變現狀、除舊佈新的特質。希望能夠承擔重要的任務，對於開創環境與事業會比較得心應手，太過於平淡與安逸的生活會想要改變。

2. 破軍星做事海派，對於心中想要做的事情，會不顧一切完成目標。這是破軍星的優點，也是缺點。如果為了有意義的事情不顧一切、努力到底，那收穫一定不少，也會得到大家的讚美。相反的，要是所作所為有了偏差，那就容易有反效果。

耗。破軍星代表不顧一切勇往直前、先破壞再建設、投機冒險。

★貪狼星

• 貪狼星的傳說：

貪狼星在封神演義的代表人物是妲己。妲己相傳被九天玄女派下的狐狸精所附身，目的是誘惑紂王，讓紂王無心理會國事。她本性貪婪，為滿足私慾與物質享受，不擇手段，並助紂為虐。商朝被滅了以後，妲己亦被斬殺。妲己死後封於貪狼星，成了慾望之神，掌管貪婪、慾望、善變、競爭。

• 貪狼星的本義：

貪狼星是甲級星；貪狼為北斗解厄之神、砂明之星，其氣屬木，代表壽命、財星。體屬水，代表桃花、貪婪與慾望、乃主禍福之神。貪狼星代表貪婪、慾望、善變、競爭。

• 貪狼星在命宮的個性：

1. 貪狼星多才多藝，對各種設計、藝術、美學、美感、審美觀、新奇的事物有興趣。

2. 不喜歡墨守成規，喜歡刺激與挑戰，要表現自己，讓大家肯定你的能力。

3. 好勝心強，吃軟不吃硬，慾望較多，容易有競爭的心態。

4. 具有投機的心態，屬於風險偏好者。

★天機星

・天機星的傳說：

天機星在封神演義的代表人物是周文王的軍師姜子牙。姜子牙本來過著隱居生活，常於渭水旁用無鉤子的魚竿釣魚，等待有賢能的人能發現他的才華。有一次周文王出外打獵，因緣際會之下碰見了姜子牙，與他相互交談後發現姜子牙有很大的才能，所以周文王就命姜子牙為軍師。姜子牙死後受封在天機星成為智慧之神，主掌智慧、精神、機智。

喜用字

・貪狼星在命宮的行為是：

1. 貪狼星重視人際關係，與人相處會在意別人的想法，懂得表現自己的優點，給人好印象。

2. 貪狼星很了解人性，對於交際應酬有天份。

3. 貪狼星在競爭的過程當中，會隨時隨地檢討自己，調整自己的腳步，好讓自己能夠贏得最後的勝利。

4. 希望承擔有深度、具變化的任務。太過於平淡與安逸的生活會想要改變。

5. 貪狼星興趣廣，慾望多，但是缺乏耐心。

文字涵義具有才華洋溢、能動能靜、競爭、不受約束的涵義，都適合貪狼星。

舉例說明：怡巧泳美花衍亨芊伶婷彥香星紅旭飛宣軒妹媚彩風東敏琪智凱燕嵐翔雅雁舞艷。

喜用字	

- 天機星的本義：

天機星是甲級星；天機星為軸星，代表不停轉動、變化、應變、智慧、機智。

- 天機星在命宮的個性：

1. 天機星在你的命宮，代表你很機靈、思慮敏捷、反應快、冷靜中帶有幽默。

2. 思考問題的角度很廣，會詳細分析各種情況的可能性，創意多、稀奇古怪的點子也多，喜歡接觸新鮮的事物，學習有趣的事情，對於比較枯燥的事物會興趣缺缺。

3. 個性比較浮動，不容易靜下來。

- 天機星在命宮的行為：

1. 天機星喜歡求新求變，喜歡出奇制勝，容易不按牌裡出牌。

2. 做事會找捷徑，讓自己執行起來方便又輕鬆。不過有些事情欲速則不達，太急反而達不到預期的效果，這是天機星在命宮的人要注意的地方。

3. 天機星使你容易憑直覺去做事、去學習。但是自我控制的能力比較差，容易想的多、做的少。或是因為無法專注在一件事情上面，而造成學而不精的現象。

- 文字涵義具有機靈、能動能靜、創新、變動的涵義，都適合天機星。

- 舉例說明：才文行在多析智琪風雨新奇謀思惠圓禧資聰穎善動重華春星記書亮雯敏。

★太陰星

• 太陰星的傳說：

太陰星在封神演義的代表人物是大將軍黃飛虎的妻子賈夫人。賈夫人長的貌美如花，紂王看見後想佔有賈夫人，夫人抵死不從最後撞牆而死。賈夫人死後受封於太陰星，成為貞潔之神，掌管清潔、田宅。

• 太陰星的本義：

太陰星是甲級星；太陰屬水，乃水之精，為田宅主，化氣為富。太陰星代表貞潔、光明、希望、勇氣、博愛。

• 太陰星在命宮的個性：

1. 太陰星的個性溫和有耐心，具有服務的熱誠，好像月亮一樣帶給人光明。

2. 求知慾望很強，對於各種論點都能接受。

3. 太陰星代表月亮，然而月有陰晴圓缺，這代表太陰星的人容易情緒化，以及受到環境影響心情。

4. 不會輕易把內心的想法說出來，待人接物方面會以和為貴。

5. 感情豐富，對於文學或是美感有自己的獨到之處。

6. 對於家庭關係、人際關係、倫理、親情、愛情、友情會很重視。

7. 有愛心，對於真正有需要幫助的人，會伸出援手。

喜用字

• 太陰星在命宮的行為：

1. 太陰星在命宮的你，做事認真而且外柔內剛，會以身作則，能夠專注在一件事情上面，不論思考或是行為都很細心。

2. 默默耕耘，希望自己能出人頭地。

3. 喜歡運動，樂於參加戶外活動。

4. 受到太陰星的影響，不論學業或是事業，都帶有動與服務這兩大性質，並且希望為社會帶來利益與效用。

5. 心太軟，心情容易受外在環境所影響，容易憂柔寡斷，猶豫不決。

文字涵義具有服務、貞潔、光明、希望、勇氣、博愛的涵義，都適合大陰星。

舉例說明：心女文百玉予全月兆守乃光佟安明貞宇研亮富財愛貴博照祐善華潔育賀喬輔。

★天同星

• 天同星的傳說：

天同星在封神演義的代表人物是周文王。周文王治理西周，積善施仁，政令大行。周文王死後封於天同星，成為溫順、福氣之神，掌管福氣、溫和、協調事物、赤子之心。

• 天同星的本義：

天同星是甲級星；天同屬水，為南斗益算保生之星。天同星代表福氣、溫和、

協調事物、赤子之心。

· 天同星在命宮的個性：

1. 天同星最好的比喻就是「孩子氣」，喜歡玩樂、享受，交朋友。好奇心強，有同情心，而且喜怒哀樂都會表現出來，不會憋在心裡。

2. 個性溫和，做事有耐心，喜歡生活在悠閒自在的環境，並且不會與人正面起衝突，也不會爲了芝麻蒜皮的小事擔心。

3. 會與人分享心目中快樂的事情，可以用「獨樂樂不如眾樂樂」這句話描寫天同星的心態。

4. 比較樂觀，容易看好的一面，而忽略背後的危機。喜歡精神與物質上的享受，對於吃好的、用好的、穿好的有一種偏好。

5. 只對自己真正要追求的事情才會執著，比較不在乎其他人的想法。

· 天同星在命宮的行為：

1. 受到天同星的影響，你看事情會用宏觀的角度，並且以大局爲重，會去規劃自己的行程與目標。

2. 爲人處世會以和爲貴，有時候爲了團隊的和諧，自己犧牲一點也沒關係。

3. 希望自己在外面的一舉一動，能夠受到大家認同。

★天梁星

- 天梁星的傳說：

天梁星在封神演義的代表人物是為李天王。李天王是周武王的大將，帶軍嚴明，奉公行事，絕不循私。李天王死後受封於天梁星，成為統帥、福壽之神。

- 天梁星的本義：

天梁星是甲級星；天梁屬土，南斗第二星，司壽，化氣為蔭，為福壽，佐上帝之威權。天梁星代表奉公守法、清高、福壽、有協調的能力。

- 天梁星的個性：

1. 天梁星在命宮的你，個性正直又穩重，重視實質的效果，不會追求流行，或是盲目的跟隨別人。心中有一把尺，好壞、善惡都分得很清楚。

喜用字

瑞臺誠穎順熙誼賜彤貴懷喜懿。

舉例說明：平宏同行永自宜怡遊展晴富雅銘樂進資家嘉群易榮程潤

文字涵義具有樂觀、活潑、喜樂、赤子之心、自由、樂活的涵義，都適合天同星。

5. 容易有依賴的心理。

4. 做事比較迷糊，如果目標不明確、或是沒有三思而後行，就會給人一種漫不經心，忘東忘西，做事不積極、不可靠的感覺。

2. 希望在自己能力所及的範圍之內，爲大家服務。認爲幫助弱者或是維持生活周遭的公平，是一件重要的事情。

3. 天梁星會希望在一個穩定、福利好的環境下生存與發展，想要用自己努力的方式，一步一步往目標前進。

·天梁星在命宮的行為：

1. 能夠獨立作業，不論是在哪一個工作崗位，都會盡力把事情完成。
2. 重紀律、守規定，凡事以身作則，不希望因爲自己的疏失，破壞了秩序。
3. 溝通協調的能力不錯，處理事物有條有理，不容易被其他事物左右你的決定。
4. 爲人比較清高，不夠圓融，沒創意，缺乏冒險犯難的精神。

喜用字

文字涵義具有穩定、與人爲善、思慮周密、正義的涵義，都適合天梁星。

舉例說明：玉 正 全 成 法 名 珍 芙 恩 基 積 穆 蓉 甄 陳 潤 漢 翰 進 靖 錦 瑾 城 謀 曦 導 律 晉 珊 辰 宸 義 權 建。

★太陽星

·太陽星的傳說：

太陽星在封神演義的代表人物是紂王的忠臣比干。比干忠心耿耿卻被紂王害死，於是比干死後受封於太陽星，成爲光明之神，掌管光明、博愛、公平。

• 太陽星的本義：

太陽屬火，為日之精，乃造化之表儀、有貴氣，亦即司權貴之星，能為文為武。太陽代表公平、博愛、光明。

• 太陽星在命宮的個性：

1. 太陽星代表太陽，太陽帶給人們光和熱，地球上因為太陽的關係，有了許許多多的生命。太陽星在命宮的你具有熱情、勇氣、服務的特質。

2. 你有正義感，主觀意識較強，年輕的時候會比較叛逆，但是隨著人生的歷練，就會了解自己的該用哪一種光和熱，去照耀生活週遭的一切人、事、物，讓自己與其他人都能互相受惠。

3. 為人大量，不會斤斤計較，對於是非善惡有判對力。

4. 有愛心，對於真正有需要的人會伸出援手。

• 太陽星在命宮的行為：

1. 太陽星在命宮的你，做事認真，並且會以身作則，執行力與行動力都不錯。

2. 太陽星很重面子，喜歡表現自己，讓自己成為大家注目的焦點。

3. 喜歡運動，參加活動認識新朋友。

4. 比較急躁，固執，叛逆，不喜歡高壓式的領導風格。

5. 太陽星具有周天曆度，輪轉無窮的特色，所以必須在勞碌之後，才會有收穫。

喜用字

文字涵義具有外顯、散發光和熱、服務、正義、善行的涵義，都適合太陽星。

舉例說明：力日天光行妹好美英成志旭辰明昌南男俊勳晨亮德揚麗晴慧潔媚凱勤霸益輔甫誌晶。

★巨門星

• 巨門星的傳說：

巨門星在封神演義的代表人物是姜子牙的妻子馬千金。馬千金生性多疑，愛說話，好惹是非。姜子牙與馬千金結婚後，兩人的生活過的不好，彼此的想法和觀念完全不同，生活沒有交集。兩人離婚後，姜子牙很快碰上了周文王，成為文王的軍師，馬千金因羞愧後悔而死。死後封於巨門星，成為是非之神，掌管是非、口才。

• 巨門星的本義：

巨門星是甲級星；巨門屬性是水，為北斗第二星，乃陰精之星，化氣為暗。巨門星掌管是非、口才。

• 巨門星在命宮的個性：

1. 巨門星在命宮代表你的個性開朗有活力，對新奇的事物都有興趣，喜歡自由自在不受約束的生活。

2. 頭腦清晰，擅長推理、分析事物。

喜用字	
文字涵義具有外顯、口才、有謀略、擅長分析規劃、思緒清晰的涵義，都適合巨門星。 舉例說明：士言文戶名尚典妙官芳玲芬秀花宮令紅品評敏聰嘉習思謀賢學會銘經昭宣喧麗展彥訊訓嚴。	3. 聯想力很豐富，適合從事動腦與動口的事業。 4. 有競爭的心態，具有叛逆的特質，不喜歡高壓式的領導方式。 5. 良性的競爭可以讓你成長，並且讓你具有不斷上進的心理。惡性的競爭會讓你帶來不必要的麻煩與是非。 • 巨門星在命宮的行為： 1. 巨門星在命宮的你，口才好，喜歡發表自己的言論，也善於溝通與協調。對於自己的表現會很在意，環境允許的話，會想要求表現、出風頭。 2. 具有正義感、對朋友講義氣，對於看不慣的事情，會想要跳出來說話。但是別人卻容易誤以為你喜歡出風頭，或是覺得你多管閒事。 3. 對事物的喜好反應比較直接，好或壞都有自己的看法。如果人生歷練不夠的話，容易想到什麼，就說什麼，造成自己不必要的困擾。 4. 容易猜疑、對他人不信任，容易受環境所影響，衝動不穩重。

紫微斗數六吉星簡介和適合的用字

紫微斗數的六吉星包含左輔星、右弼星、文昌星、文曲星、天魁星、天鉞星，這六顆星曜都具有正面的輔助能量。本章節會說明六吉星的特性和本質、六吉星在命宮對一個人的影響、六吉星適合的姓名學取名字和改名字用字。完整敘述如下所示：

▽▽ 楊老師貼心建議：

六吉星的本意都是好的，除了出現在命宮以外，六吉星出現在事業宮、財帛宮、遷移宮，也都可以套用這些六吉星適合用字，這是屬於廣義的論命方式，適用於取名字的選字。例如，假設一個人的財帛宮有文曲星，代表他適合透過才藝的方式進財，那麼名字裡面有文昌星或是文曲星的喜用字，就能對開發自己的潛能有幫助。

★ 舉例說明：

在圖9-1紫微斗數命盤範例圖示，命宮是天相星，所以對照上面的表格後，可以知道文字涵義具有平衡、主導、外圓內方、均衡、人緣好的涵義，都適合天相星。舉例說明：方平中文勻均攸友丞成周卓芝茜堂助維為家誠承圓瑜昆姍珮婉哲展樂勤識瓊寶斌謙權蘊壽懿。

172

★左輔星
★右弼星

• 左輔星和右弼星的本意：

左輔星和右弼星都是六吉星；左輔星屬土，右弼星屬水，兩個都是帝王的輔佐星，直接代表助力。

• 左輔星、右弼星在命宮的特質：

1. 左輔星與右弼星都是輔助之星，用左右手來形容最為貼切。當你在做事情的時候，如果有左右手的幫助，就會比較順利。當你想要完成某件任務，有了左右手的幫忙，就容易達成目標。

2. 左輔星的本意，比較偏向直接輔助，熱情且實在；右弼星的本意，比較偏向於間接輔助、溫柔、隨和、善解人意。這裡指的輔助涵義很廣，包含各種人、事、交際、溝通協調、支援、各方面的幫助。

3. 左輔星與右弼星會讓你具有領導和溝通協調的能力。好好的開發這種潛能，就會讓你在各行各業裡面，有突出的表現。

• 天魁星和天鉞星的本意：

天魁星和天鉞星都是六吉星；天魁星屬陽火，為南斗助星，天魁星又名天乙貴人。天鉞星屬陰火，為南斗助星，天鉞星又名玉堂貴人。

• 天魁星、天鉞星在命宮的特質：

1. 天魁星與天鉞星在紫微斗數裡面，都是貴人星，直接代表貴人相助，這兩者的

★文曲星

★文昌星

・文昌星和文曲星的本意：

文昌星和文曲星都是為六吉星；文昌星屬金，主科甲，乃文魁之首。文曲星屬水，北斗第四星，主科甲。

・文昌星、文曲星在命宮的特質：

1. 文昌星與文曲星都是屬於科甲，所謂科甲就是利於讀書、考試、學習事物、功

喜用字

星曜的

這四顆

★天鉞星

★天魁星

魁嘉權輔。

文字涵義具有輔助、幫忙、貴人、領導、規劃的涵義，都適合左輔星、右弼星、天魁星、天鉞星。舉例說明：左右功元佳佑友甫助益照育培貴鎰賀建源

3. 遇到天鉞星與天魁星，會讓你的運氣和機會比別人多。心中存有善念，願意主動幫助有困難的人，如此你的貴人和好運就會源源不絕。

困難的方法。

有貴人拉你一把，輔助你渡過難關。或是遇到危機時，你能靈機一動找到解決

幫助、陌生人的幫助…等等。廣義的看待貴人星，就是當你有困難的時候，會

2. 貴人相助的含意很廣，可能是金錢、物質、朋友的安慰、長輩的提攜、同學的

相助。天鉞星比較偏向陰性，異性貴人居多，或是讓你間接得到貴人的相助。

差別在於，天魁星比較偏向陽性，同性的貴人居多，或是讓你直接得到貴人的

紫微斗數六煞星簡介和避免用字

紫微斗數的六煞星包含火星、鈴星、擎羊星、陀羅星、地空星、地劫星。中國古代是一個封閉專權的社會，認為六吉星越多越好，六煞星最好都不要有。這是因為煞星越多的人，意見

這兩顆星曜的喜用字	名、名聲。 2.文昌星偏向學術、寫作、語言、企劃、創作、考試、文學。文曲星偏向藝術、表演、才華、設計、美術、繪畫、娛樂、戲劇。 3.文曲星與文昌星代表學習能力很好，可以觸類旁通，舉一反三，求知慾望很強烈，對新奇的事物有興趣。 4.文昌星或是文曲星在命宮的人，儀表不凡，男的俊、女的美，舉手頭足都帶有書卷氣息或是藝術天份，給人好的印象。 文字涵義具有藝術、美麗大方、才華洋溢的涵義，都適合文昌星與文曲星。 舉例說明：一文才材秀奇姿芳芬佳明茵智博美琪銘軒春香雯紫書畫雅榛資飛媚華聰敏麗彥傑捷婕慧藝。

與想法往往比較多，行動力也較積極，因此在古代的社會中，煞星越多會帶給自己越多困擾。

但是現在的社會，百家爭鳴，行行出狀元，有煞星的激發，才會獨樹一格，有著跟別人不同的潛力。

六吉星遇到越多，六煞星遇到越少，則人生的旅途雖然比較順利但是容易安逸，衝力不夠，積極度也比較差。六吉星遇到越少，六煞星遇到越多，則人生的旅途比較多挑戰，有歷練的人生才能激發潛能。孔子所說的中庸之道，很適合用來說明六吉星與六煞星的現象，過多與不及都是不好的，以適當的程度為最佳。煞星具有獨特的才華能力，但也代表衝擊，煞星太多則在追求目標的過程當中，容易遇到困難與挫折，造成思緒的混亂與不安，這方面不可不慎。

本章節會說明六煞星的特性和本質，六煞星在命宮對一個人的影響、六煞星在取名字和改名字時的避免用字。完整敘述如下所示：

・火星和鈴星的本意：

火星和鈴星都是六煞星；火星屬火，南斗浮星，主性烈、剛暴。鈴星也屬火，主性剛、固執。火星與鈴星是一組類似的星曜，兩者的差別在於火星的火來的快去的也快，爆發出來時，每個人都感受的到，屬於顯而易見型。鈴星的火是悶火，代表悶在心的火焰，這種火焰的爆發力雖然比火星弱，但是持續力會較長，會慢慢的燃燒，而且不易讓其他人發覺。

★火星
★鈴星

★ 擎羊星

・火星、鈴星在命宮的特質：

1. 火星與鈴星的衝力與爆發力都很強，受到這兩個星曜的影響，會增加你的積極度、行動力、以及願意去嘗試一些刺激與挑戰的事物。

2. 受到火星與鈴星的影響，會讓你容易發怒生氣、心理的火悶不住的時候，就會跳出來說話，容易跟人家吵架，情緒方面的控制力較差，會有不滿現況、憤世忌俗的感覺。

3. 受到火星與鈴星的影響，雖然積極度與行動力會增加，但是做事的毅力與持久性較弱，容易產生三分鐘熱度，或是虎頭蛇尾的現象。

・擎羊星的本意：

擎羊星為六煞星之一；擎羊屬金，乃北斗助星，化氣曰刑。擎羊星代表利刃、剛毅、執著和堅持。

・擎羊星在命宮的特質：

1. 受到擎羊星的影響，會增加你的抗壓性、判斷事情的果斷力、以及執行任務的積極度。

2. 你的競爭心態會比較強，會用直接了當的方式與人競爭。

3. 恩怨分明、敢愛敢恨，而且有仇必報。如果別人侵犯到你的權利，你會不顧一切抗爭到底。特別注意，如果做法太太強硬，就會違反中庸的原則，對人際關係

避免用字	這三顆 星曜

會有負面的影響。

4. 如果你的主星比較柔弱，那擎羊星會增加你的積極度與努力向上的心，可以用加分來看待。

文字涵義具有火爆、情緒化、好勝、好戰、炎熱的涵義，都不適合火星、鈴星或是擎羊星。

舉例說明：火日午丹克兵刀比戎吞炎攻晶陽炯夏晶昌暉武勇焰熱戰鬥劍獅虎獵厲。

・陀羅星在命宮的特質：

1. 陀羅星代表一個不停在原地旋轉的陀螺。受到陀羅星的影響，你的耐性與毅力會比一般人還高，事情一旦決定，絕不輕言放棄，也不會輕易改變。

2. 做事謹慎小心，思考的面會比較多，所以動作與反應都比較慢。

3. 受到陀羅星的影響，會增加你競爭的心態，但是這種競爭方式是屬於隱性，並且會在背後暗中進行。

・陀羅星的本意：

陀羅星為六煞星之一；陀羅屬金，乃北斗助星，化氣為忌。陀羅的本意代表重複出現、旋轉、專注和固執。

★陀羅星

4. 陀羅星的本意就是不斷重複與拖延，受到陀羅星的影響，你會猶豫不決，無法在正確的時間裡面，作出正確的決斷，或是容易拖拖拉拉，放不開自己的心胸。因為以上的現象，會讓你的身心比較容易受煎熬，情緒方面比較會受影響。

5. 個性固執而且比較會鑽牛角尖，會把難處窩在心理，讓自己久久不能釋懷，因此心情比較鬱悶。

這個星曜避免用字

文字涵義具有猶豫不定、旋轉、重複、想東想西的涵義，都不適合陀羅星。

舉例說明：又九久反不玄在念旋從轉復慮謀思重魯盧。

★地空星
★地劫星

• 地空星和地劫星的本意：

地空星和地劫星為六煞星；地空星屬陰火，地劫星屬陽火。地空星與地劫星在紫微斗數裡面，是一組類似的星曜，代表的本意就是莫名的變化、由無到有、由實變虛。

• 地空星、地劫星在命宮的特質：

1. 受到地劫星與地空星的影響，你的聯想力與創造力會比一般人豐富，模仿與學習能力很強，喜歡動頭腦思考抽象的問題。這些能力對於創新有很大的幫助。

避免用字	
舉例說明：又了之二三也少光不玄多否空無幻煙虛嵐雲。 和地劫星。 文字涵義具有虛無飄渺、空幻、不確定、語助詞無意義的涵義，都不適合地空星	4. 受到地劫星與地空星的影響，你會對於感覺特別重視，做事憑感覺，交朋友憑 感覺，只要感覺對了，一切問題好解決。 3. 因為思考問題的角度比較廣，容易有想的多，做的少的現象。如果只說不做， 就把地劫星與地空星的特性，變成是好高騖遠，異想天開，只憑一張嘴，光說 不練，並且會帶給你身心上的困擾與不安。如果想的事情，真的去做，那地空 星好的潛能，就會被你開發出來。 2. 受到地劫星與地空星的影響，你會嚮往無拘無束的生活環境，會希望有個舞台 可以讓你盡情發揮。看事情的角度比較寬廣，會去思考問題背後的問題。

精選實際紫微斗數和姓名學取名範例

葉柏秀／男／1985／11／25／吉時生

楊老師您好，我是葉柏秀，從事房地產的業務工作，我現在這個名字已經改過一次，上次幫我取名的老師說，這個名字很適合我的八字，也是好筆劃的名字，但是我使用了一年之後，感覺改善有限，跟我想要的有落差，尤其是我很容易想東想西、怠惰的毛病也沒有改善。想請老師幫我鑑定名字，這個名字是否真的適合我？

葉柏秀的八字命盤			
生辰：1985年11月25日吉時　乙丑年十月一日吉時			
〔年〕	〔月〕	〔日〕	〔時〕
乙丑	十	十四	吉時
正官	正印	（命主）	比肩
乙（木）	丁（火）	戊（土）	戊（土）
丑（土）	亥（水）	辰（土）	午（火）
劫財	偏財	比肩	正印
正財	偏官	正官	劫財
傷官		正財	

葉柏秀的八字命盤

葉柏秀的紫微斗數命盤

天臺 哭池　　地地劫　空開　廟　　辛巳【命宮】	天天天咸月天刑月池德才壽　　天機祿廟　　壬午【父母宮】	天虛　　破紫軍微廟廟科　　癸未【福德宮】	天天陰封天福巫煞詰壽　　天鉞廟　　甲申【田宅宮】
天解恩宮神光　鈴擎文太星羊昌陽旺旺旺旺　　庚辰【兄弟宮】	命盤生辰：乙丑年 10月 14日 吉時 陰男　　五行局：金四局		鳳寡閣廉　火天星府陷陷　　乙酉【事業宮】
祿七武存殺曲　陷陷　　己卯【夫妻宮】	《程式所有權人：兩儀數位工程坊 楊智宇 老師》【版權所有，翻製必究，本網站保留一切權利】		天寡天天姚宿德貴　文太曲陰陷旺忌旺　　丙戌【僕役宮】
天紅孤三空鸞辰台　天陀天馬羅梁旺陷陷權　戊寅【子女宮】	破華碎蓋　右左弼輔廟　　己丑【財帛宮】	台八輔座　　天巨魁門旺旺　　戊子【疾厄宮】	天廉貪馬貞狼平陷陷　　丁亥【遷移宮】

★ 針對葉柏秀的八字五行／靈動數／紫微斗數命盤／字意　解說其不足之處

葉柏秀的命格八字五行缺金，需要從姓名去補充先天的不足，使五行均衡發展，將優點展現出來。「柏」字屬「木」、亦屬「金」，代表名字已經補充他所欠缺的五行。

從靈動數和三才五格來看，這個名字屬吉數。

從以上八字五行命格和姓名學靈動數和三才五格來看，這個名字應該可用才對，但是為何葉柏秀覺得效果不佳呢？這個問題從紫微斗數的命盤去分析，就會一目了然。葉柏秀的事業宮坐落天府星，財帛官坐落天相星，三方四正交會輔弼，使他具有好的事業和工作承擔能力，好的規劃和領導能力，同時也有好的正財能量和偏財運，這樣的命格讓他具備房仲業者基本的能力。但要注意的是，他的命宮受到沒有主星、以及煞星地空星和地劫星的影響，使他容易猶豫不決、想東想西、果斷力差、遇到大事會六神無主，和人談判時，會被別人牽著鼻子走。此外，他的交友宮不好，容易誤交損友，需要多留意自己的人際關係，才能避免不足。

★ 葉柏秀的改名／取名結果

綜合以上觀點，筆者認為「柏秀」這兩個字不適合他，因為這兩個字的意境和文字解釋偏向才華、俊美、愛心、有好的品德，屬於「溫文儒雅」的字義，這樣的名字不能調整先天命格的缺點，對於改善猶豫不決，以及增加積極度沒有直接的幫助。

這個範例的葉柏秀，最後找了楊老師改名字，老師替他選了以下八組的好名字。

葉鎮嘉、葉建鑫、葉鍏德、葉燦鋒

葉帛靈、葉明錫、葉鎧瑞、葉耿銜

這些名字補足他欠缺的五行「金」元素，讓土能生金，金又生水，在兩兩相生的局勢當中，讓他的事業、感情、求財的能量向上提升，並且增加他的果斷力和積極度。這些名字符合葉柏秀的八字五行、紫微斗數命盤格局、生肖，是不可多得的好名字。

範例當中，葉柏秀和他的家人最喜歡「葉鎮嘉」這個名字，所以接下來將用這個名字當做範例，進一步解釋其由來和取名原因。

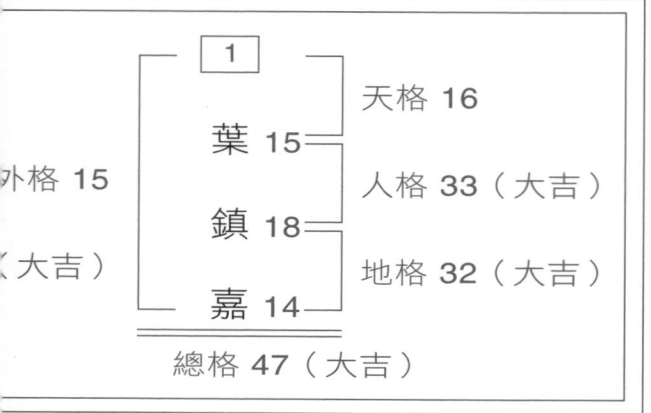

葉 15	天格 16
鎮 18	人格 33（大吉）
嘉 14	地格 32（大吉）

外格 15

（大吉）

總格 47（大吉）

鎮嘉姓名學三才五格靈動數

★「葉鎮嘉」的取名原因

以姓名學的八十一筆劃靈動數來看：

葉鎮嘉這個名字的三才五格靈動數配置很好，名字的人格靈動數是33劃，代表的本意是領導、剛直果決，這個靈動數會增加他的領導能力和積極度，減少猶豫不決，想東想西的缺點。

這個名字的總格靈動數是47劃，這是掌權和富貴榮華的吉數，對於他所從事的房地產工作，具有很強的主導能量。

以八字五行、文字解釋、紫微斗數命格來看：

葉鎮嘉這個名字的「鎮」字五行屬「金」，透過這個字，可以補足他八字命盤本身欠金的缺點。

葉柏秀紫微斗數命盤的命宮沒有主星，且遇地空星和地劫星，所以他的名字必須使用專注力高和穩定堅強的字，亦須避免游移不定、虛無飄渺的字。楊老師爲他取名「鎮嘉」，「鎮」字具有「強化、主導、壓制、制止」的涵義；「嘉」字具有「美化、表揚、晉升」的涵義，「鎮嘉」二字兼具主導、上進、在意自己表現、重視人際關係的意涵。這個名字可以改善他本身命格的缺點，讓他在未來的人生有更好的表現。

本章教學
重點

1. 十二生肖、八字、紫微斗數取名該以誰為主，以誰為輔。
2. 生肖取名字的理論說明。
3. 生肖取名的喜忌用字。

第十章

十二生肖和姓名的新觀點

傳統的生肖姓名學中，「肖兔者，因為無福消受君王命，故名字中不可帶有『君』、『王』等字」。

但你知道乾隆皇帝正是肖兔之人。

到底生肖與姓名學的關係該如何取捨？

生肖的影響是否又真這麼重要？

透過本章節的解說，會讓讀者進一步了解生肖取名。

十二生肖為中國的傳統民俗命理，每個生肖都有其特性，依照十二生肖的劃分，我們可知道一個人的基礎習性和特點。將姓名學中帶入生肖的觀點，可以豐富取名的意涵。以下舉三個例子來說明，讓讀者能有進一步的了解。

範例一：肖鼠者，喜用「米」、「禾」、「豆」等相關字根，因老鼠喜吃五穀堅果，若文字能帶此元素，有暗喻豐衣足食之意，如栗、稔、稷、稼、穎、穗、穰、稞、艾、豐。

範例二：肖虎者，喜用「木」、「山」等部首，老虎本身帶有野性，於山林間可恣意奔馳，符合其天性，如：杜、杉、東、枝、林、松、枚、柄、查、柳等。

範例三：肖龍者，喜用「日」、「月」、「星辰」部首，傳統廟宇中，都可見龍敖遊於天際，此為吉祥之兆。如：旭、旺、昌、昂、昕、昇、昊、昱、春、昭、映、星。

近年來，生肖姓名學逐漸蔚為風潮，坊間也因此出了不少的相關書籍，關於生肖的喜忌用字，每個人都有其獨到的見解，有些合理，有些則顯得有些不通情理，矯枉過正了。

例如：有些生肖姓名學的書籍，會說肖兔者取名的文字不宜帶有三點水的部首，因為兔忌水。乍看下，言之有理，但別忘了，水為世間萬物賴以生存的元素之一，兔子當然也無例外；倘若今天取名者，肖兔，其八字命盤的五行恰好缺水，那我們該如何取捨呢？

其實並不難，我們只需從字義上去選擇「小水」的字，這樣就能兼具八字和生肖了。

舉例來說，「涓」這字，就字義上的解釋為，水滴，象徵細小的流水。又或者，「泱」，

其義爲雲氣興起的樣子。以上兩個字，同樣都解決了肖兔者的五行缺水之苦，而又無需擔心其字是否會與生肖相剋。如此運用，才不致顧此失彼，又能對取名者有所助益。

生肖姓名學的理論其實很簡單，核心思維就是趨吉避凶、以及依照動物的屬性來選字。生肖的吉，就是三合、六合、三會貴人。生肖的凶就是六沖、六破、六害。生肖的喜用字和忌用字就是依照動物的屬性和天性來選擇。本章將會用合乎邏輯的角度去說明最新的十二生肖姓名學，讓讀者了解。

>> 楊老師貼心建議：

生肖姓名學的理論大多數是前人口耳相傳的取名祕技，經過多年的流傳、藏私、後人想像力的發揮和增添，以及現在網路資訊四通八達，進而導致生肖取名的方式有較多的分歧和衝突。讀者在取名的時候，如果要考慮生肖的觀點，那麼一定要去思考是否合乎邏輯，切不能以訛傳訛，貽笑大方。

十二生肖、八字、紫微斗數取名字該以誰爲主，以誰爲輔

紫微斗數和八字五行在命理的領域裡，屬於主流的算命方式，相關的理論基礎非常深厚，非三言兩語可道之。十二生肖的理論易學好懂，只要查表格就可以知道結果，不需要具備命理的知識也能分析，相對於紫微斗數或是八字五行，相顯薄弱。對於生肖取名，建議作爲參考，不能當成主要的取名主軸。若將兩者顛倒，則本末倒置、捨本逐末，取名時不可不愼。

以科學的角度來看，十二生肖會把人類分成十二種類型，並且依照每種生肖的屬性來分析適合的名字和忌用的名字。但是請讀者試想，全球人口超過六十七億人，若依照十二生肖的方法，則會有超過五億人口是相同的生肖，這五億人口是否對於文字的喜忌都是一樣的呢？答案當然是否定的。

當生肖和紫微斗數、八字五行在取名上有所衝突時，其實還是要用紫微斗數和八字五行來決斷，才會適合。例如生肖屬「兔」、「雞」、「豬」的人，依照生肖取名不適合用「帝」、「王」、「大」、「君」、「冠」，象徵王者霸主之字根，因爲小動物不適合稱王。但是筆者認爲如果你的紫微斗數命盤是大格局之人，或是命盤三方四正的主星能量很強，則可「破格重用」。例如：命宮主星是「紫微星」、「天府星」、「武曲星」、「七殺星」，或是命格的特殊格局有「君臣慶會格」、「火貪格」、「鈴貪格」、「陽梁昌祿格」、「三奇嘉會格」。

生肖取名字的理論說明

❖ 十二生肖、十二地支、以及五行的對應關係

十二生肖	十二地支	五行
鼠	子	水
牛	丑	土
虎	寅	木
兔	卯	木
龍	辰	土
蛇	巳	火
馬	午	火
羊	未	土
猴	申	金
雞	酉	金
狗	戌	土
豬	亥	水

十二生肖可以對應到十二地支，十二地支可以對應到完整的五行，讀者可透過下面的表格來查詢彼此的對應關係。這些關係是生肖姓名學的基礎，有這些對應關係，下面的生肖理論的解說才會了解涵義。

例如：清朝的乾隆皇帝，出生於一七一一年九月二十五日，姓愛新覺羅，名弘曆。乾隆皇帝在位稱王六十四年，是中國歷史上在位時間最長的君王。乾隆皇帝的生肖就是屬兔，從這個範例可看出，生肖是兔子的人，一樣可以當王。

所以在取名字和改名字的時候，一定要用八字五行、紫微斗數命盤當作主，以十二生肖為輔，才會是正統的取名方式。如果只用十二生肖取名字，沒有看八字五行或是紫微斗數命盤，那麼取的名字就會有侷限，不可不慎。

這個對應表很簡單，查表就可知道屬性。例如：「龍」的地支就是「辰」，而辰的五行屬性就是「土」。

「虎」的地支就是「寅」，而寅的五行屬性就是「木」。

「豬」的地支就是「亥」，而亥的五行屬性就是「水」。

❖ 三合貴人

三合意指「明合」，代表光明正大，也就是能直接給予正面幫助的貴人；三合的組合有四組，同一組的組合遇在一起，會有正面的幫助。三合貴人的組合如下所示：

第一組 申子辰三合：肖猴、肖鼠、肖龍，為一組吉配。

第二組 巳酉丑三合：肖蛇、肖雞、肖牛，為一組吉配。

第三組 寅午戌三合：肖虎、肖馬、肖狗，為一組吉配。

第四組 亥卯未三合：肖豬、肖兔、肖羊，為一組吉配。

舉例來說，肖虎者，對應的三合貴人的生肖屬性就是馬和狗，所以在取名時，可同時參考帶有「馬」、「狗」等相關部首的文字，如騏、騰、國、盛等字，便可強化其明貴人對他的助益。

❖ 六合貴人

六合則為「暗合」，也就是暗地裏幫助你的貴人。取名如果有六合貴人的輔助，會讓你增加貴人運。

六合貴人有六組，詳細請看下面所述：

第一組 子丑六合：肖鼠與肖牛，為一組貴人

第二組 寅亥六合：肖虎與肖豬，為一組貴人

第三組 卯戌六合：肖兔與肖狗，為一組貴人

第四組 辰酉六合：肖龍與肖雞，為一組貴人

第五組 巳申六合：肖蛇與肖猴，為一組貴人

第六組 午未六合：肖馬與肖羊，為一組貴人

舉例來說，肖虎者，其六合貴人為豬，故可選用部首帶有「豕」的文字，如：家、豪等，如此便能強化暗貴人對他運勢上的幫助。

❖ 三會貴人

三會是指借由三種生肖的能量，帶來額外的貴人助力。三會貴人有四組，詳細請看下面敘

述：

第一組亥子丑三會：肖豬、肖鼠、肖牛，為一組吉配。

第二組寅卯辰三會：肖虎、肖兔、肖龍，為一組吉配。

第三組巳午未三會：肖蛇、肖馬、肖羊，為一組吉配。

第四組申酉戌三合：肖猴、肖雞、肖狗，為一組吉配。

舉例來說，肖虎者，其三會貴人有兔，故適合用帶有「卯」、「兔」字根相關文字，如：柳、卿、芫等。附註：需注意有時雖為三會，但仍有相剋處，若同時遭遇，則需避開，如肖虎與肖龍者，雖為三會吉配，但因龍虎相鬥，有害，故仍需避忌。

❖ 生肖六沖

六沖相剋即為相互對立的關係，在此歸於同組的兩兩生肖，在相處上，容易產生對峙與不合、不易有共鳴，以致波折較多，令事情有所延宕。生肖六沖的組合有六種，請看下面解釋：

子午六沖：肖鼠與肖馬，為一組相沖

丑未六沖：肖牛與肖羊，為一組相沖

寅申六沖：肖虎與肖猴，為一組相沖

卯酉六沖：肖兔與肖雞，為一組相沖

辰戌六沖：肖龍與肖狗，為一組相沖

巳亥六沖：肖蛇與肖豬，為一組相沖

舉例來說，肖虎者，其六沖相忌的生肖為猴，故不宜用帶有「申」、「袁」部首的相關用字，如：伸、坤、轅、遠等。

❖ 生肖六害

六害則為互害之意，歸於同組的兩兩生肖中，在相處中，若不是傷害對方，則是被對方所傷，難有和平共處之時。生肖六害的組合有六種，請看下面解釋：

第一組 子未六害：肖鼠與肖羊，為一組相害

第二組 丑午六害：肖牛與肖馬，為一組相害

第三組 寅巳六害：肖虎與肖蛇，為一組相害

第四組 卯辰六害：肖兔與肖龍，為一組相害

第五組 申亥六害：肖猴與肖豬，為一組相害

第六組 酉戌六害：肖雞與肖狗，為一組相害

舉例來說，肖虎者，其六害相忌的生肖為蛇，故不宜用帶有「辵」、「巳」、「弓」等部首的相關用字，如：廷、巴、芎等。

現代的社會進步很快，相對應的人、事、物交互關係其實複雜多變，依照筆者多年實戰的算命經驗，相沖相剋的關係、工作是否會遇到小人、是否有負面的煞星影響你的人際關係……，這些都需要用易經、紫微斗數或是八字命盤來看，才能實際解答你的問題。

❖ 生肖、三合、六合、三會、六沖、六害總表歸納

生肖	三合貴人	六合貴人	三會貴人	六沖相剋	六害相忌
鼠	龍、猴	牛	牛、豬	馬	羊
牛	蛇、雞	鼠	鼠、豬	羊	馬
虎	馬、狗	豬	兔、龍	猴	蛇
兔	豬、羊	狗	虎、龍	雞	龍
龍	鼠、猴	雞	虎、兔	狗	兔
蛇	牛、雞	猴	馬、羊	豬	虎
馬	狗、虎	羊	蛇、羊	鼠	牛
羊	兔、豬	馬	蛇、馬	牛	鼠
猴	鼠、龍	蛇	雞、狗	虎	豬
雞	牛、蛇	龍	猴、狗	兔	狗
狗	虎、馬	兔	猴、雞	龍	雞
豬	羊、兔	虎	鼠、牛	蛇	猴

生肖取名的喜忌用字

❖ 子鼠——喜用字

★第一組	肖鼠者，宜用「米」、「禾」、「艸」、「豆」、「麥」、「粱」之名字，因鼠為雜食動物，喜愛吃五穀堅果類的東西，文字中若能包含此元素，則一生豐衣足食，毋需為五斗米而庸擾。 喜用字：粲、秀、秦、秧、程、栗、稷、穎、穗、艾、芎、芊、芃、芝、芙、苗、麥…等。
★第二組	肖鼠者，宜用「口」、「宀」的部首，老鼠愛偷食，性喜打洞；藏身於洞穴之中，可讓其有安全感，故適用此部首的字。 喜用字：吉、台、吟、君、右、尚、同、合、向、呂、含、呈、和、品、如…等。
★第三組	中國農曆年，有一俗諺：初一場、初二場、初三老鼠娶新娘。故事中，老鼠身著大紅彩衣，故有鼠喜披彩衣一說，「糸」、「衣」、「采」、「巾」、「示」等字根都可納入。

喜用字：紅、紗、素、純、紜、紓、紹、紳、絲、經、繡、絹、綠、綺、綿、綸、維、緯、緹…等。

★第四組

喜用字：牡、牧、皓、浩、妞、紐、鈕、龍、辰、農、振、震、袁、坤、紳…

以上的字形、字義、部首、字根，都適合生肖「鼠」的人使用。

適合生肖鼠的十二地支元素：辰、酉、丑、亥。

適合生肖鼠的五行元素：土、金、水。

生肖鼠的三會、三合、六合貴人，包含：龍、猴、牛、豬。

❖丑牛—喜用字

肖牛者，宜用「禾」、「麥」、「米」、「豆」、「艸」的字根，象徵溫飽無虞，一生不必為吃飯而煩憂；其中，又以「艸」部最受青睞，此字為牛的主要糧食，更能顯出豐足之意。

★第一組

喜用字：程、莉、萍、菁、豐、豔、豌、麥、梁、蓉、茹、茜、蓮…等。

★第二組

肖牛者，喜用「宀」字部首，此有離開田地，返回屋下休息之意。

喜用字：宜、安、宛、宓、宣、宥、宸、容、寒、家、宏、宜、宛、婉…等。

楊老師貼心解釋：

「宀」字部首並非每一個字都適合牛，還是要看文字的解釋才能知道是否適合。

例如「牢」這個字，有「宀」字部首，但字的涵義代表監牢和受困限制，並不適合來當取名使用。以生肖來選字，需要注意文字解釋是否適合，不可不慎。

❖ 寅虎—喜用字

★ 第三組

生肖牛的三會、三合、六合貴人，包含：蛇、雞、鼠、豬。

適合生肖牛的五行元素：火、金、水。

適合生肖牛的十二地支元素：巳、酉、子、亥。

以上的字形、字義、部首、字根，都適合生肖「牛」的人使用。

喜用字：季、孟、淳、酉、白、家、豪、子、亥、火、金、水、澤⋯等。

★ 第一組

肖虎者，喜用「肉」、「心」、「月」相關部首，虎為肉食性動物，以上字根能裏其腹，使老虎得到滿足。

喜用字：月、育、肯、胥、有、青、朋、心、忠、恣、恩、惠、愛、慶、慧、憲、憶、懋⋯等。

★第五組	★第四組	★第三組	★第二組
成、家、豪⋯等。 喜用字⋯柳、卯、驊、騰、駿、南、火、炎、炫、炳、照、煜、煦、煌、煥、 以上的字形、字義、部首、字根，都適合生肖「虎」的人使用。 適合生肖虎的五行元素⋯火、土、水、木。 適合生肖虎的十二地支元素⋯午、戌、亥、卯、辰。 生肖虎的三會、三合、六合貴人，包含⋯馬、狗、豬、兔、龍。	喜用字⋯羽、翊、羿、習、翔、翰、瀚、翼、耀⋯等。 肖虎者，喜用「羽」的字根和部首，因為老虎有翅膀代表如虎添翼。	喜用字⋯奇、奎、天、央、奕、王、璞、璇、環、理、郡、裙、頵、鈴、苓、泠⋯等。 辛勞，姻緣之路較爲不順。 類部首暗喻掌權，象徵其威嚴不得小覷。但此類用字利男，若女性使用，則太過 肖虎者，喜用「大」、「王」、「君」、「令」等字根，虎爲山中之霸主，用此	崗、山、岑⋯等。 喜用字⋯木、本、李、杏、杜、杉、東、林、松、柳、桓、桂、森、崇、崑、 揮天性，得其所適，展其所長。 肖虎者，宜用「木」、「林」、「山」部首，縱身於山林之間，能讓老虎恣意發

❖ 卯兔─喜用字

★第四組	★第三組	★第二組	★第一組
喜用字：梓、梵、梗、梅、木、本、枚、棕、棠、棟、棋、棉、楚、楠、楊、楓…等。	喜用字：蓁、艾、芍、芊、苨、芝、芙、芽、芹、芬、芳、芮、芷、芸、茉、苑、英…等。	喜用字：尙、同、合、向、吉、台、吟、右、呂、和、品、如、園、圓、守、宣、宥、宏…等。	喜用字：秦、秧、程、栗、稷、稼、穎、穗、豐、豔、麥…等。
喜用「木」、「東」的部首，卯為木，而木屬東方，故此兩字根皆適用。	肖兔者，喜用「艸」部字根，兔為草食性動物，故適用此部首。	喜用字：尙、同、合、向、吉、台、吟、右、呂、和、品、如、園、圓、守、宣、宥、宏…等。	宜用「口」、「宀」字根，狡兔有三窟，置身於洞穴之中，符合其習性，顯得自在無拘束。
			肖兔者，宜用「米」、「禾」、「豆」、「麥」、「粱」、「稻」等五穀字根，此為兔子主要食物，若其名有此字根，象徵一生食祿無缺。

❖ 辰龍─喜用字

★ 第一組

肖龍者，性喜水，小至流水、大至江河，都爲龍王所掌控，故適用「水」字根。

喜用字…水、永、汝、江、池、汎、沁、沛、河、法、泉、泰、泊、渲、洋、津、海、涓…等。

★ 第五組

漂亮的毛色可使兔子更得人緣，故適用「糸」、「衣」、「采」、「巾」、「示」的部首。

喜用字…紹、紳、絮、紫、絲、經、綉、紅、紗、素、純、紜、紓、絹、綠、綺、綿、綸…等。

★ 第六組

生肖兔的三會、三合、六合貴人，包含：豬、羊、狗、虎、龍。

適合生肖兔的五行元素…火、水、土、木。

適合生肖兔的十二地支元素…亥、未、戌、寅、辰。

以上的字形、字義、部首、字根，都適合生肖「兔」的人使用。

喜用字…號、彪、虎、虞、盧、演、寅、亥、核、毅、家、羊、美、善、義、群、達、成…等。

★第四組	★第三組	★第二組
雲、敦、象⋯等。 喜用字⋯學、孟、白、金、皇、存、淳、坤、森、霖、欽、凱、淵、淳、涵、 以上的字形、字義、部首、字根，都適合生肖「龍」的人使用。 適合生肖龍的十二地支元素：子、申、酉、寅、卯。 適合生肖龍的五行元素：水、金、木。 生肖龍的三會、三合、六合貴人，包含：鼠、猴、雞、虎、兔。	玟、奎、天、央⋯等。 喜用字⋯郡、裙、頵、令、鈴、苓、泠、帝、諦、王、璞、璇、環、璐、瓊、 適合生肖龍者來使用。 故「君」、「令」、「帝」、「王」、「大」、「長」等相關部首和字形，都是 中國人心中，龍象徵尊貴的地位，古代帝王君主皆以龍形代表九五至尊的身份。	晨、雲、霖、霈⋯等。 喜用字⋯日、旭、旺、昌、昂、明、昇、昱、春、星、晉、晏、晃、晟、辰、 「雲」皆為其可用的字根和字形。 龍適合遨遊於天際之間，得日月精華，故「日」、「月」、「星」、「辰」、

❖ 巳蛇—喜用字

肖蛇者，宜有「心」、「月」之字根，因蛇性喜食肉類，而心為肉，若名中帶有此類部首，則表一生溫飽。

喜用字：忻、恩、悟、悠、愰、惇、怡、思、恒、恬、恣、心、志、忠、念、惠、慧、慕…等。

★ 第一組

肖蛇者，宜用「宀」、「口」、「木」部首，蛇喜於洞穴中或樹木上棲息，於名字中帶入此字根，則會讓蛇有安身之所。

喜用字：宗、定、宜、宛、宇、安、宏、嘉、嚴、吉、台、君、唐、歌、木、本、未、末、樂…等。

★ 第二組

肖蛇者，喜用如「几」、「弓」、「邑」、「阜」、「辵」、「又」的蛇形之字根和字形。

喜用字：乙、己、凡、芎、阡、陸、陶、隋、隆、隍、隨、邦、郁、逸、逍、通、迪、延…等。

★ 第三組

❖ 午馬─喜用字

★第一組

肖馬者，喜有「禾」、「黍」、「麥」、「豆」、「艸」的字根，此類皆為其主食，故此象徵飲食無虞，又以「艸」部最為適用，其道理如同肖牛者。

喜用字：穎、穗、程、秀、秉、豐、豌、萍、菁、茉、苑、英、苗、苔、苓、芽、芹、芬、若⋯⋯等。

★第二組

肖馬者，喜有彩衣的字根，如「系」、「巾」、「衣」、「采」、「彡」，因為馬的身上穿彩衣，代表光榮和喜慶，這會讓肖馬之人受到推崇。

★第四組

生肖蛇的三會、三合、六合貴人，包含：牛、雞、猴、馬、羊。

適合生肖蛇的五行元素：土、金、火。

適合生肖蛇的十二地支元素：丑、酉、申、午、未。

以上的字形、字義、部首、字根，都適合生肖「蛇」的人使用。

喜用字：午、馬、駿、驤、驊、騰、美、善、義、群、翔、皓、鈕、酉、飛、鶴、雀、鳥、鳳等。

206

❖ 未羊—喜用字

★ 第一組

肖羊者，宜用帶有喜有「艸」、「禾」、「豆」、「米」、「麥」、「稷」、「叔」字根，因其為草食性動物，亦喜五穀，有此類部首，代表衣食無缺。

喜用字：莎、華、葵、蓉、茹、茜、艾、芍、麥、花、茜、蒙、精、糖…等。

★ 第四組

生肖馬的三會、三合、六合貴人，包含：狗、虎、羊、蛇。

適合生肖馬的五行元素：土、木、火。

適合生肖馬的十二地支元素：戌、寅、未、巳。

以上的字形、字義、部首、字根，都適合生肖「馬」的人使用。

喜用字：螢、巳、美、善、義、群、翔、妹、達、成、茂、城、狀、猶、獻、獨、建、廷、城…等。

★ 第三組

馬喜於林木草野中奔馳，故適用帶有「木」之字根。

喜用字：楠、楓、榕、榮、樂、樓、槿、樺、樹、橋、樵、橙、櫻、權、栩、森…等。

喜用字：紫、紀、約、純、緯、綠、維、緹、績、纓、希、帆、席、常、衫、裕、釆、彥、彤…等。

★第二組

肖羊者，宜用「門」、「冖」、「戶」、「口」、「宀」、等字根，意喻居於洞穴或屋下之中休息，不畏外面的風雨。

喜用字：門、閔、開、庚、庭、康、廣、廬、龐、口、同、周、和、唐、商、單、園、宣、寶…等。

★第三組

喜「木」部字根，可棲於木下避以日曬，有所依靠。

喜用字：櫻、桓、桂、桑、木、桀、桃、梅、棠、樓、槿、樗、樺、橘、樹、橋、樵…等。

★第四組

肖羊的三會、三合、六合貴人，包含：兔、豬、馬、蛇。

適合生肖羊的五行元素：木、水、火。

適合生肖羊的十二地支元素：卯、亥、午、巳。

以上的字形、字義、部首、字根，都適合生肖「羊」的人使用。

喜用字：蝶、融、虹、巳、馬、駿、驥、驊、騰、柳、卿、苑、勉、豪、豫、毅、家、亥…等。

❖ 申猴—喜用字

肖猴者，宜用「木」部字根，猴兒穿梭於林間採食水果，悠遊自在，意味順心，無拘無束。

★第一組	★第二組	★第三組
喜用字：杜、杉、東、枝、林、楓、榕、榮、柄、查、柳、桓、桂、桑、柴、桀、樹、橋、橙…等。	宜用「人」、「亻」、「言」的字根，因其猴子是靈長類的動物，多了這些部首可以增加人性和人緣。 喜用字：仰、伸、伯、依、仍、佐、佑、信、俐、倩、倚、佟、任、侯、修、偉、優、傑…等。	生肖猴的三會、三合、六合貴人，包含：鼠、龍、蛇、雞、狗。 適合生肖猴的五行元素：水、土、火、金。 適合生肖猴的十二地支元素：子、辰、巳、酉、戌。 以上的字形、字義、部首、字根，都適合生肖「猴」的人使用。 喜用字：龍、子、晨、辰、涓、炎、白、柏、瀚、池、汶、沛、泳、洪、炳、烏、烽、照、獲…等。

❖ 酉雞─喜用字

★第三組	★第二組	★第一組
綠、綺、綿、綸…等。 喜用字：紅、紗、紋、素、純、絋、紓、紹、紳、絮、紫、絲、經、綉、絹、 有提昇加冠之意。 宜用「系」、「釆」、「彡」的部首，雞披上彩衣，有鳳凰之意，故此類字根會	宜、宛、寒…等。 喜用字：庚、庭、康、廣、龐、門、開、唐、冠、守、宇、安、宏、宗、定、 以安穩。 喜有「广」、「門」、「冖」、「宀」之字根，於屋簷之下，可避外面風雨，得	的主食為五穀，用字帶有此部首，可使其口腹獲得滿足。 喜用字：梁、麥、秀、秉、秦、秧、程、稷、稼、穎、穗、穰、穠、稔、粲、粟 肖雞者，宜用「梁」、「麥」、「禾」、「豆」、「米」、「粟」之字根，因雞

生肖雞的三會、三合、六合貴人，包含：牛、蛇、龍、猴、狗。

適合生肖雞的五行元素：土、火、土、金。

適合生肖雞的十二地支元素：丑、巳、辰、申、戌。

以上的字形、字義、部首、字根，都適合生肖「雞」的人使用。

★第四組

喜用字：龍、龐、蝶、融、螢、虹、巳、獲、皓、牡、浩、鈕、地、坤、城、鑫、慧、怡…等。

❖戌狗—喜用字

肖狗者，喜有「月」、「心」之字根，因其喜食葷，故帶此類部首，正投其所好，亦象徵豐足無虞。

★第一組

喜用字：勝、騰、育、青、有、肯、心、志、忠、忻、惟、愛、慈、惠、念、思、恒、恩…等。

★第二組

狗為人類最忠實的朋友，故帶有「人」的字根，有忠於家庭、事業之意，行事容易獲得成功。

❖ 亥豬─喜用字

★ 第一組

肖豬者，喜用「門」、「冖」、「宀」字形，意喻有家，被豢養的豬，較有福氣，受到照顧。

★ 第四組

林、琳、霖⋯等。

喜用字：虎、虞、彪、虛、盧、寅、駿、驥、驊、騰、白、金、柏、鈞、鉅、

以上的字形、字義、部首、字根，都適合生肖「狗」的人使用。

適合生肖狗的十二地支元素：寅、午、卯、申、酉。

適合生肖狗的五行元素：木、火、金。

生肖狗的三會、三合、六合貴人，包含：虎、馬、兔、猴、雞。

★ 第三組

宛、宸、容、冠⋯等。

喜用字：序、廣、龐、門、閔、開、同、周、和、唐、安、宏、宗、定、宜、

宜用「广」、「門」、「宀」字根，意喻有人飼養，能免於露宿街頭，又能避開外面的危險與風雨。

喜用字：仰、伸、伯、依、仍、佐、佑、倩、倚、任、侯、修、偉、優、傑、僑、儀、倫、健⋯等。

212

	★第二組
	喜用字：門、閃、開、閨、家、同、周、和、哈、唐、冠、容、寧、寶、守、宇、安、等。
	生肖豬的三會、三合、六合貴人，包含⋯羊、兔、虎、鼠、牛。
	適合生肖豬的五行元素⋯土、木、水。
	適合生肖豬的十二地支元素⋯未、卯、寅、子、丑。
	以上的字形、字義、部首、字根，都適合生肖「豬」的人使用。
	喜用字：厚、學、倪、季、孟、存、淳、浩、美、善、義、群、翔、妹、達、勉、柳、卿⋯等。

❖ 關於十二生肖忌用字

★ 關於十二生肖避免用字，本章節不特別收錄，這是因為中國古代是農業社會，許多生肖由民間故事所衍生而來，隨著不同的民情和風俗習慣，結果也會有差異。例如：有些說法會說：「龍虎相爭」，所以取名時，生肖屬龍的人，名字不可以有虎。但是也會有另一種說法是：「龍兄虎弟」，所以生肖屬龍的人，如果有虎的幫助，可以相得益彰。這種說法很多，不勝枚舉，也沒有所謂的對與錯，因為這會跟看事情的角度有關。從筆者實際取名的經驗來看，

有些顧客會相信這些傳統，有些人則覺得不予置評。筆者認為：「選擇你所相信的，並且去思考背後的原因，就能透過生肖的輔助，讓你取好名。」

★生肖避免用字，常見的有：「老鼠不愛見到光，所以屬鼠的人名字不可以有日。兔子不喜歡水，所以屬兔的人名字不可以有水」。但是，用逆向思考來看前面這段話，會發現世間萬物的生長都需要陽光、空氣、水，如果老鼠和兔子沒有陽光、沒有水，有可能生存下去嗎？

★當你遇到生肖取名的問題時，不妨思考一下這些生肖忌用字是否合理，一定要去思量背後的涵義，逆向思考是否有正面或是反面的意思，不可人云亦云，不可因為一段文字，就否定自己的名字。

★實際取名還是要用八字、五行、紫微斗數、陰陽、字形字意、以及中華文化的文字解釋來命名，不可只用民俗生肖的方式就取名字，才不會有反效果。

★生肖的忌用五行，如果和本命八字的喜用神五行互相違背，那要該以哪種為主？筆者會選擇以八字五行為主，破格用之，這樣的取名才會對本命有利。舉例來說，生肖鼠對應到的地支是子，子的五行屬性是水，水和火會相剋。但是以實際生辰八字來看，生肖是鼠的人，如果八字喜用神是火，或是八字命盤欠火，那麼可以依照實際命盤來作調整，破格使用火的元素。火的元素有大火和小火的差別，如果顧忌可用小火的字，一樣會有效果。

第十一章

實用取名步驟

取名其實不難，只要跟著楊老師的五個取名步驟走，人人都可取得好名。

一、實用取名的五大步驟。

取名之前需要準備資料包含：姓氏、姓別、生辰、生肖、對自己的期待、喜用字、忌用字。關於實用取名的五大步驟如下所示：

步驟一：排八字命盤，找出喜用神。

透過生辰排出自己的八字命盤，依照八字找出適合自己的喜用神。八字命盤的排法和喜用神，請看《第七章》，裡面有完整說明。

步驟二：排紫微斗數命盤，分析紫微命格、才華能力、優缺點。

透過紫微斗數命盤可以了解一個人的格局高低、個性、才華能力、命格優點和缺點，以及適合自己的喜用字和忌用字。相關紫微斗數排盤和紫微星曜的喜忌用字，請看《第九章》，裡面有完整說明。

第十一章◎實用取名步驟

步驟三：在「第十二章 精選百家姓三才五格吉數套裝」尋找適合的組合。

依照百家姓的分類，精選適合每一個姓氏的姓名學三才五格套裝吉數，再依照這些筆劃吉數去尋找適合的文字。讀者可依照姓氏尋找適合自己的姓名學三才五格套裝吉數，再依照這些筆劃吉數去尋找適合的文字。

步驟四：在「第十三章 精選康熙字典五行分類大全」尋找適合自己的文字。

這裡提供的文字是依照康熙字典的筆劃數來編排，並且針對每一個字的五行來分類，是一個非常實用的姓名學選字工具。

從八字命盤找出自己的喜用神。假設喜用神是金，那麼選字時，名字裡面就要有金的字義、部首或是和跟金相關的字，就可以透過喜用神，讓名字產生更大的能量和光彩。

步驟五：反覆針對名字的字形、字義進行考究和琢磨。

選定多組名字後，針對其字形、字義多做瞭解，若能來回推敲與確認，可避免日後發現不妥又要改名之虞。取名不易，需要面面俱到才行。原則上，就是要滿足八字和紫微斗數命盤、喜用神、生肖、五行、陰陽、靈動數佳、格局佳、寓意深遠、好記、好唸，並且要能夠發揮命格的長處，以及避開命格的缺點。

》 楊老師貼心解釋：

1. 關於取名的步驟一和步驟二，相關的八字排命盤、喜用神、紫微斗數命盤和紫微斗數命格，都可以在楊智宇老師算命網，得到完整的免費分析，讀者可以善用工具，透過網站的免費資源去了解這兩個步驟，然後直接進行步驟三、步驟四、步驟五，幫助初學者取名更加順利。

2. 楊智宇老師算命網提供免費的康熙字典，完整收錄每一個字的中華文化涵義、姓名學的筆劃數、文字五行、姓名學三才五格靈動數解釋、紫微斗數命盤、八字五行命盤、基礎喜用神。

3. 若讀者對自己的名字不滿意，又或是對名字和命格有所疑慮，想要有所改變，可直接來信詢問，楊老師將親自『免費鑑定你的姓名』，透過分析，可知道自己的名字是否需要調整，以及好在哪裡，壞在何處，對你有實質的幫助。

楊智宇老師算命網：www.life-guide.com.tw　楊老師電子信箱guide@mail2000.com.tw

二、實用取名範例—以男生為例。

❖ 基本資料

姓氏：張

性別：男生

生辰：西元2010年3月4日午時

生肖：虎

❖ 開始取名（用取名五步驟來解說）

步驟一：排八字命盤，找出喜用神。

張姓男童的八字命盤			
生辰：西元2010年3月4日午時		庚寅年一月十九日午時	
〔年〕	〔月〕	〔日〕	〔時〕
庚寅	正	十九	午
正印	正官	(命主)	正官
庚（金）	戊（土）	癸（水）	戊（土）
寅（木）	寅（木）	丑（土）	午（火）
傷官	傷官	偏官	偏財
正財	正財	比肩	偏官
正官	正官	偏印	

從以上的八字命盤，可以看出張小弟的八字五行分佈如下所示

五行元素：木2個，火1個，土3個，金1個，水1個。

張小弟的八字五行具備五種元素，代表他的命格五行很完整，屬於五行兼具的命格。針對五行兼具的命格，喜用神的找法可以針對他的弱處去加強，或針對優點去放大，讓整體的能量更加提升。從張小弟的八字命盤來看，適合他的八字喜用神是「金」、「水」這兩個元素。透過這兩種能量的補充，可以使他的命格能量增強。

張小弟的喜用神為「金」、「水」這兩個元素，名字的選字要能夠補充「金」或是「水」的能量，對張小弟會有直接和正面的幫助。

楊老師貼心建議：

1. 關於八字命盤的排法和喜用神的找法，請見第七章：陰陽、五行、八字、喜用神與取名和改名的關係，裡面有完整的說明。

2. 該如何選擇文字屬性為「金」、「水」的元素，請見第十三章：精選康熙字典五行分類大全，裡面完整敘述每一個文字的筆劃，及其五行屬性。

步驟二：排紫微斗數命盤，分析紫微命格、才華能力、優缺點。

子女宮	夫妻宮	兄弟宮	命宮(身宮)
地空廟 地劫閑 天同廟忌 天孤巫辰絕大耗 亡神 貫索 92~101 辛巳 子女宮	武曲旺權 天府旺 天福 龍池 截路 胎 伏兵 旬中 官符 將星 102~111 壬午 夫妻宮	火星閑 陀羅廟 太陽平祿科 天鉞廟旺 天月 喜德 空亡 養 官府 112~121 癸未 兄弟宮	貪狼平 祿存旺 天馬旺 ● 解神 封誥 天虛 鳳閣 大耗 歲驛 空亡 小耗 擘鞍 長生 博士 2~11 甲申 命宮(身宮)
破軍旺 文昌旺 左輔旺 天哭 八座 墓 病符 月煞 喪門 82~91 庚辰 財帛宮	●命盤生辰：庚寅 年 1月 19日 午時 陽男 ●五行局：水二局 ●寅首：戊 ●命宮：申 ●身宮：申 ●命宮主星：貪狼星 ●命宮三方四正的六吉星： 　文昌星、左輔星 ●命宮三方四正的六煞星： 　無六煞星 ●本命四化星： 　太陽星 化祿 在兄弟宮 　武曲星 化權 在夫妻宮 　太陰星 化科 在兄弟宮 　天同星 化忌 在子女宮	鈴星陷 擎羊陷 天機旺 巨門廟 天破刑 恩光 碎 龍德 息神 沐浴 力士 12~21 乙酉 父母宮
天空 咸池 天貴 死 喜神 天使 晦氣 咸池 72~81 己卯 疾厄宮		文曲陷 右弼 天相廟 紫微閑 天貴 華蓋 天才 天壽 三台 月廉 冠帶 青龍 白虎 華蓋 22~31 丙戌 福德宮
廉貞廟 天廚 陰煞 病 飛廉 指背 歲建 62~71 戊寅 遷移宮	天魁旺 天姚 紅鸞 寡宿 衰 奏書 天殤 天煞 52~61 己丑 僕役宮	七殺旺 台輔 帝旺 將軍 天煞 42~51 戊子 事業宮	天梁陷 天德 劫煞 天德 32~41 丁亥 田宅宮

張小弟的紫微斗數命盤中，命宮有貪狼星、事業宮有七殺星、財帛宮有破軍星，命宮的三方四正交會有左輔星和文昌星。從此格局可以看出，張小弟將來長大後，會是一個重視美感，喜歡競爭，不容易輕易向人認輸，喜歡新鮮刺激的感覺，慾望多，對新奇的事物有興趣的男生。

同時，他對於藝術、美術、音樂、文學有天份，透過後天的學習也能讓這樣的能力展現出來。

張小弟的事業本質具有「變動、挑戰、勞心勞力、風險、和主導的特質」，有做事能力和領導能力，適合在多變的環境當中磨練自己。如果環境太過於拘束，反而會讓他潛能無法發揮。

張小弟的兄弟宮星曜很強盛，化祿星和化科星都在兄弟宮，這代表他很重視兄弟姐妹的情誼，彼此之間會互相照應。在人生的旅途當中，也會得到朋友和兄弟姐妹的幫助。

美中不足的是，張小弟容易坐東想西，專注力不足，也受到地空星、地劫星、化忌星在子女宮的影響，未來會容易因為子女和家庭的關係感到困擾，所以張小弟在選擇對象，和家庭的經營上，需要多一些謹慎和堅持。

從以上紫微斗數的命格，可以看出張小弟的優點和缺點，他的名字需要具有不受拘束的特質，並且能彌補他感情和子女宮狀況不佳的缺點。

≫ 楊老師貼心建議：

透過排紫微斗數命盤的步驟，可以強化以下兩個方向。

第一：從取名的選字上，選擇適合命格的好字。

舉例來說，如果本命很強勢，是一個大有作為的格局，取名的選字上，就要使用大器的文字去呼應。如果是一個才華洋溢的命格，選擇藝術的字去呼應，將更能揚善隱惡、發揮所長。

第二：幫助讀者挑選適合自己的靈動數和三才五格的套裝數。

舉例來說，如果感情運和子女運不佳，就必須在人格和地格的靈動數中，挑選適合桃花和家庭發展的套裝數，就能補強先天的不足。

步驟三：在「第十二章 精選百家姓三才五格吉數套裝」，尋找適合的組合。

男童的姓氏「張」為11筆劃，所以在百家姓三才五格吉數套裝，直接到11筆劃姓氏的那一頁，就可以找到適合姓氏「張」的姓名學三才五格套裝數。取名的時候，可以依照現有的套裝數去尋找適合的姓名學筆劃數。

結合張小弟的紫微斗數命格，他的命格特質比較適合在多變的環境當中成長，並且要避免

其感情運和子女運不佳、和本身易想東想西的缺點，於是筆者選用下面這個套裝數替他取名。

```
┌─────────────────────────────────┐
│              ┌───┐               │
│              │ 1 │      天格 12   │
│              └───┘               │
│          張 11                   │
│  外格            人格 23 （大吉） │
│  13                              │
│ （大吉）   ○ 12                  │
│                  地格 24 （大吉） │
│            ○ 12                  │
├─────────────────────────────────┤
│        總格 35（大吉）           │
└─────────────────────────────────┘
```

選用這個套裝數的原因，是因為人格靈動數是23劃，代表領導和主導的格局，很適合張小弟本身貪狼星在命宮的紫微斗數命格。地格靈動數的24劃，代表財源豐厚，利於姻緣和家運。

這兩個靈動數的選用，一方面能發揮張小弟命格的優點，另一方面針對感情和子女的缺點亦能一併改善，是一組適合他的姓名學組數。

》楊老師貼心建議：

第十二章完整收錄精選的三才五格套裝吉數，讀者除了這些吉數以外，也可以依照自己的程度和喜好，去安排屬於適合自己的三才五格套裝數。

步驟四：從「第十三章 康熙字典五行分類大全」，尋找自己喜歡的字。

從以上適合張小弟的姓名學套裝吉數可以看出，名字第二個字和第三個字筆劃數為12劃的字，都是適合他的好名字。此時可以到第十三章的康熙字典五行分類大全，直接尋找12筆劃數，這些都是適合張小弟的用字。特別注意，張小弟的名字需要使用喜用神「金」或是「水」，便可以讓他的能量向上提升。從12筆劃當中，筆者找出「博」、「鈞」這兩個12筆劃數的字。「張博鈞」就會是適合張小弟的好名字。

步驟五：反覆針對名字的字形、字義進行考究和琢磨。

這一步驟很重要，讀者需要針對名字的字形、字義去分析，取名才會有意義。中華文字有五千年的歷史，文字十分充足且多元。讀者可以看本書第一章至第四章，裡面針對取名文字的

226

重要性有完整的解說。

為了讓讀者進一步了解，下面繼續使用「張博鈞」為範例，來解釋字行字義的分析要領。

「博」，這個字的筆劃是12劃，「博」這個字具有：廣大無邊、數量多、見識廣、學識豐富的涵義。常見的辭彙為：博學、地大物博、博士、博物館。用這個字來取名，會讓人奮發向上，努力學習，喜好創新，願意打開心胸接納各種新知，張小弟的紫微斗數格局適合在變動當中求成長，筆者針對他的特質，挑選「博」這個字來取名，是一個兼具深度和廣度的好字。

「鈞」，這個字的筆劃是12劃，五行屬「金」。「鈞」這個字有多種涵義，在古代，三十斤的重量稱為一鈞，四鈞為石，鈞石可以量測天下物品的重輕，讓百姓以此為互信交易的標準；鈞也代表對於上級或是長輩的稱呼。常見的辭彙為：鈞安、大鈞。用這個名字來取名，有實事求是，務實、守信，尊重父母、長輩和師長的美意。

張小弟的喜用神為「金」，楊老師特別在他的名字選字上，選用「鈞」這個字去補充喜用神「金」的能量。對他的五行運轉有正面的幫助。

「博鈞」，這兩個字的涵義，代表學識廣博、博學多聞，實事求是，重視實際的績效和成果，這個名字可以讓他發揮紫微斗數的命格長處，補足喜用神，整體的姓名學三才五格配置良好，是一個大吉大利的好名字。

三、實用取名範例──以女生爲例。

❖ 基本資料

　姓氏：李

　性別：女生

　生辰：西元 2010 年 6 月 5 日午時

　生肖：虎

❖ 開始取名（用取名五步驟來解說）

步驟一：排八字命盤，找出喜用神。

李姓女童的八字命盤			
生辰：西元 2010 年 6 月 5 日午時		庚寅年四月廿三日午時	
〔年〕	〔月〕	〔日〕	〔時〕
庚寅	四	廿三	午
偏財	正財	(命主)	偏印
庚（金）	辛（金）	丙（火）	甲（木）
寅（木）	巳（火）	戌（土）	午（火）
偏印	比肩	食神	劫財
比肩	偏財	正財	傷官
食神	食神	劫財	

從以上八字命盤當中，可以看出李小妹的喜用神是「水」、「金」。

步驟二：排紫微斗數命盤，分析紫微命格、才華能力、優缺點。

巳　遷移宮	午　疾厄宮	未　財帛宮	申　子女宮
地空廟　地劫閑　太陽旺祿 孤辰　三台　臨官　小耗 亡神　貫索　辛巳 65～74　遷移宮	破軍廟 天福　龍池　截路　冠帶　青龍　天使 旬中　官符　將星　亡 壬午 55～64　疾厄宮	火星閑　陀羅廟　右弼　左輔　天鉞旺　天機陷 天喜　月德　天貴 空亡　沐浴　力士 癸未 45～54　財帛宮	天馬旺　祿存旺　天府平　紫微旺 陰煞　封誥　天虛　鳳閣 大耗　歲驛　長生　博士 甲申 35～44　子女宮
辰　僕役宮 文昌旺　武曲廟權 天姚　天哭　帝旺　將軍　天殤 月煞　喪門　庚辰 75～84　僕役宮	●命盤生辰：庚寅 年 4月 23日 午時 陽女 ●五行局：土五局 ●寅宮：戊 ●命宮：亥 ●身宮：亥 ●命宮主星：巨門星 ●命宮三方四正的六吉星： 　天鉞星、左輔星、右弼星 ●命宮三方四正的六煞星： 　地空星、地劫星、陀羅星、火星		酉　夫妻宮 鈴星陷　擎羊陷　太陰旺科 破碎　八座　養　官府 龍德　息神　乙酉 25～34　夫妻宮
卯　事業宮 天同廟忌 天空　衰　奏書 咸池　晦氣　己卯 85～94　事業宮	●本命四化星： 　太陽星 化祿 在遷移宮 　武曲星 化權 在僕役宮 　太陰星 化科 在夫妻宮 　天同星 化忌 在事業宮 		戌　兄弟宮 文曲陷　貪狼廟 解神　蜚廉　華蓋　胎　伏兵 白虎　華蓋　丙戌 15～24　兄弟宮
寅　田宅宮 七殺廟 天廚　天月　病　飛廉 指背　歲建　戊寅 95～104　田宅宮	丑　福德宮 天魁旺　天梁旺 紅鸞　寡宿　天才　天壽　恩光　死　喜神 天煞　病符　己丑 105～114　福德宮	子　父母宮 廉貞平　天相廟　● 天台　天輔　墓　病符 災煞　弔客　戊子 115～124　父母宮	亥　命宮（身宮） 巨門旺 天官　天巫　天德　大耗　絕 劫煞　天德　丁亥 5～14　命宮（身宮）

230

從李小妹的紫微斗數命盤中看出，她是一個思路敏捷、口條好、善於規劃和分析、觀察力佳，善於揣測他人心中的想法，會適時適地表現意見和想法的女生。她的紫微斗數命盤十二個宮位都有主星鎮守，這代表本命的能量或是後天的運勢，都會是均衡發展的局勢。

李小妹未來會有好的人際關係和貴人相助，這樣好的外出發展能量對巨門坐命的她，會有加倍的效果。另外，她財帛宮有左輔星、右弼星、天鉞星，亦有「火陀格」特殊格局的爆發能量，這會讓她具有很強的求財和賺錢能力。

美中不足的是，李小妹的事業宮狀況不佳，她在學業、工作和事業的發展上，會經歷困難和考驗，才會漸漸順利。這部份的缺點，如果能夠透過好的名字去改善，對她的未來會有幫助。

步驟三：在「第十二章 精選百家姓三才五格吉數套裝」，尋找適合的組合。

李小妹的姓氏「李」為7筆劃，因此在百家姓三才五格吉數套裝，直接找到7筆劃的地方，就可以看見適合姓氏「李」的姓名學三才五格套裝數。取名可以直接依照本書的套裝數去尋找適合的筆劃數。

結合以上紫微斗數命格，李小妹的優點在於適合外出發展、有貴人相助、求財能量佳，

但是缺點在於事業狀況不良，所以筆者依照她的命格特質，挑選適合她的姓名學三才五格靈動數，讓她能夠發揮所長和避免缺點。適合李小妹的靈動吉數如下所示：

	1	天格 8
外格 17 （大吉）	李 7	人格 16 （大吉）
	〇 9	地格 25 （大吉）
	〇 16	
總格 32 （大吉）		

選擇這個靈動數的原因，因為人格筆劃數為16劃，這是適合女生的領導吉數，可以幫助她加強事業的進取心，以及獲得晉升賞賜機會。地格的靈動數是才華洋溢的25劃吉數，讓她在

家庭和感情方面順利發展。總格的靈動數為32劃，可得貴人相助、遇到困難能夠逢凶化吉、事業能量不佳的缺點，對李小妹的幫助最大。

步驟四：從「第十三章 康熙字典五行分類大全」，尋找自己喜歡的字。

從以上的姓名學套裝數，可以了解適合李小妹姓名的第二個字筆劃數為9劃，第三個字筆劃為16劃。透過第十四章的康熙字典分類，楊老師為她取了「李奕霖」這個名字。

步驟五：反覆針對名字的字型、字義進行考究和琢磨。

「奕」筆劃9劃，這個字代表精神煥發、神采奕奕，也代表數量壯大的涵義。選用這個字，會讓她整體氣勢和能量向上提升，讓她用樂觀和進取的心態去面對未來的人生。

「霖」筆劃16劃，五行屬「水」。霖這個字的本意代表連續下三天的雨，讓農作物得到雨水的幫助得以生長。常見的辭彙：久旱逢甘霖、霖以救旱。這個字補足李小妹八字命格缺水的不足，透過這個字的使用，會讓李小妹變得更靈活和善解人意，讓她的八字五行得以均衡。

「奕霖」，這兩個字代表神采奕奕、神采飛揚，樹林得到雨水的滋潤，得以生長。這個名

字讓李小妹補足八字欠水的不足，並且透過姓名學的三才五格靈動數配置，讓她發揮命格的優點，並且避開不足之處，是一個非常適合她的好名字。

第十二章

精選百家姓三才五格吉數套裝

還在為了姓名的三才五格頭疼嗎？

本章節依照姓氏的筆劃數編列，讓你直接套用現成的套裝吉數就能取好名，省去讀者翻書的時間。

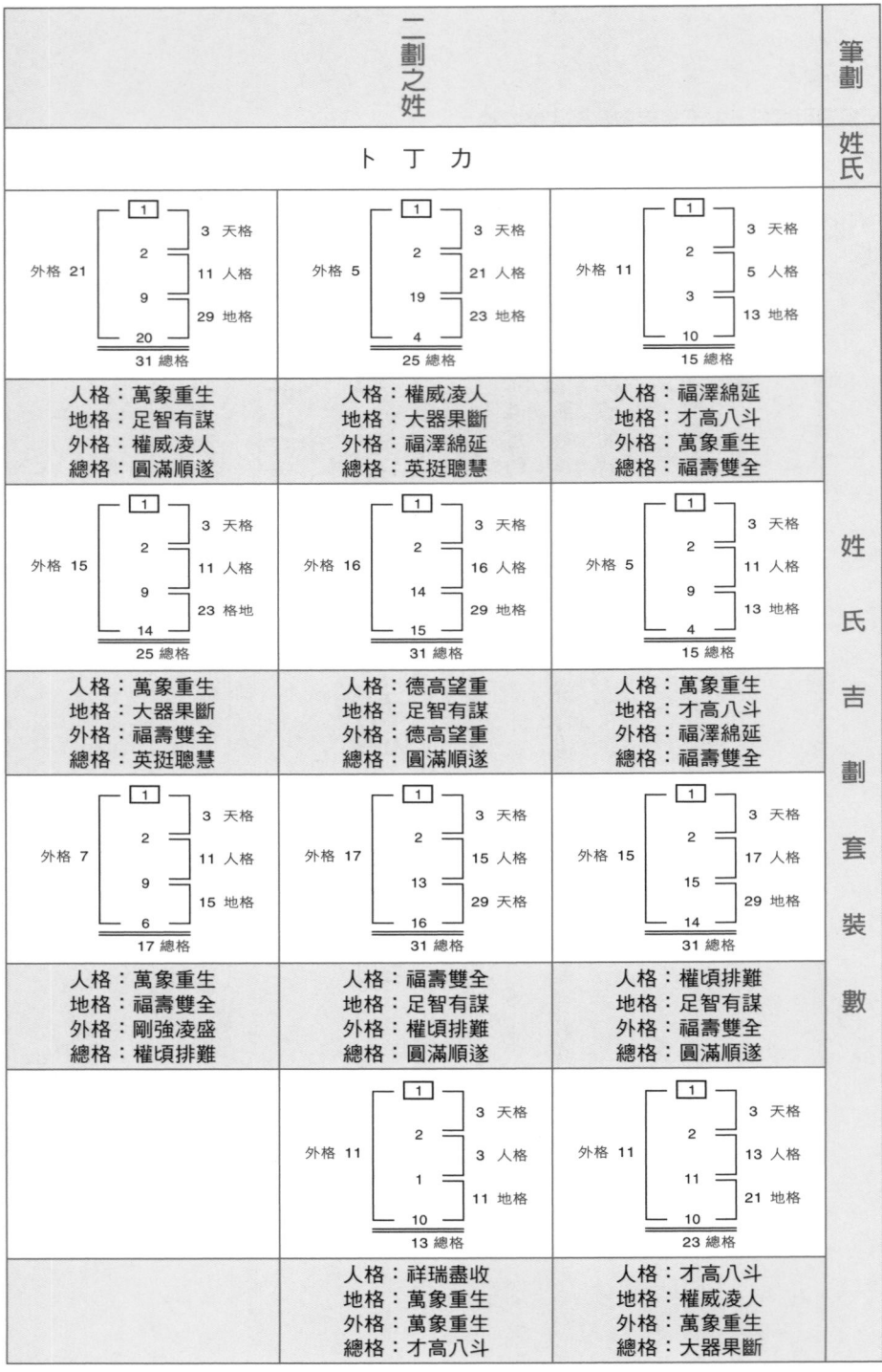

二劃之姓

卜　丁　力

| 筆劃　姓氏 | 姓氏吉劃套裝數 |

◎天格為姓氏加一，此為天定，無法變更，故在此不特別列出。

第一列

外格 21｜天格 3｜人格 11｜地格 29｜總格 31（1、2、9、20）
人格：萬象重生
地格：足智有謀
外格：權威凌人
總格：圓滿順遂

外格 5｜天格 3｜人格 21｜地格 23｜總格 25（1、2、19、4）
人格：權威凌人
地格：大器果斷
外格：福澤綿延
總格：英挺聰慧

外格 11｜天格 3｜人格 5｜地格 13｜總格 15（1、2、3、10）
人格：福澤綿延
地格：才高八斗
外格：萬象重生
總格：福壽雙全

第二列

外格 15｜天格 3｜人格 11｜格地 23｜總格 25（1、2、9、14）
人格：萬象重生
地格：大器果斷
外格：福壽雙全
總格：英挺聰慧

外格 16｜天格 3｜人格 16｜地格 29｜總格 31（1、2、14、15）
人格：德高望重
地格：足智有謀
外格：德高望重
總格：圓滿順遂

外格 5｜天格 3｜人格 11｜地格 13｜總格 15（1、2、9、4）
人格：萬象重生
地格：才高八斗
外格：福澤綿延
總格：福壽雙全

第三列

外格 7｜天格 3｜人格 11｜地格 15｜總格 17（1、2、9、6）
人格：萬象重生
地格：福壽雙全
外格：剛強凌盛
總格：權傾排難

外格 17｜天格 3｜人格 15｜天格 29｜總格 31（1、2、13、16）
人格：福壽雙全
地格：足智有謀
外格：權傾排難
總格：圓滿順遂

外格 15｜天格 3｜人格 17｜地格 29｜總格 31（1、2、15、14）
人格：權傾排難
地格：足智有謀
外格：福壽雙全
總格：圓滿順遂

第四列

外格 11｜天格 3｜人格 3｜地格 11｜總格 13（1、2、1、10）
人格：祥瑞盡收
地格：萬象重生
外格：萬象重生
總格：才高八斗

外格 11｜天格 3｜人格 13｜地格 21｜總格 23（1、2、11、10）
人格：才高八斗
地格：權威凌人
外格：萬象重生
總格：大器果斷

三劃之姓

于 上 山 干

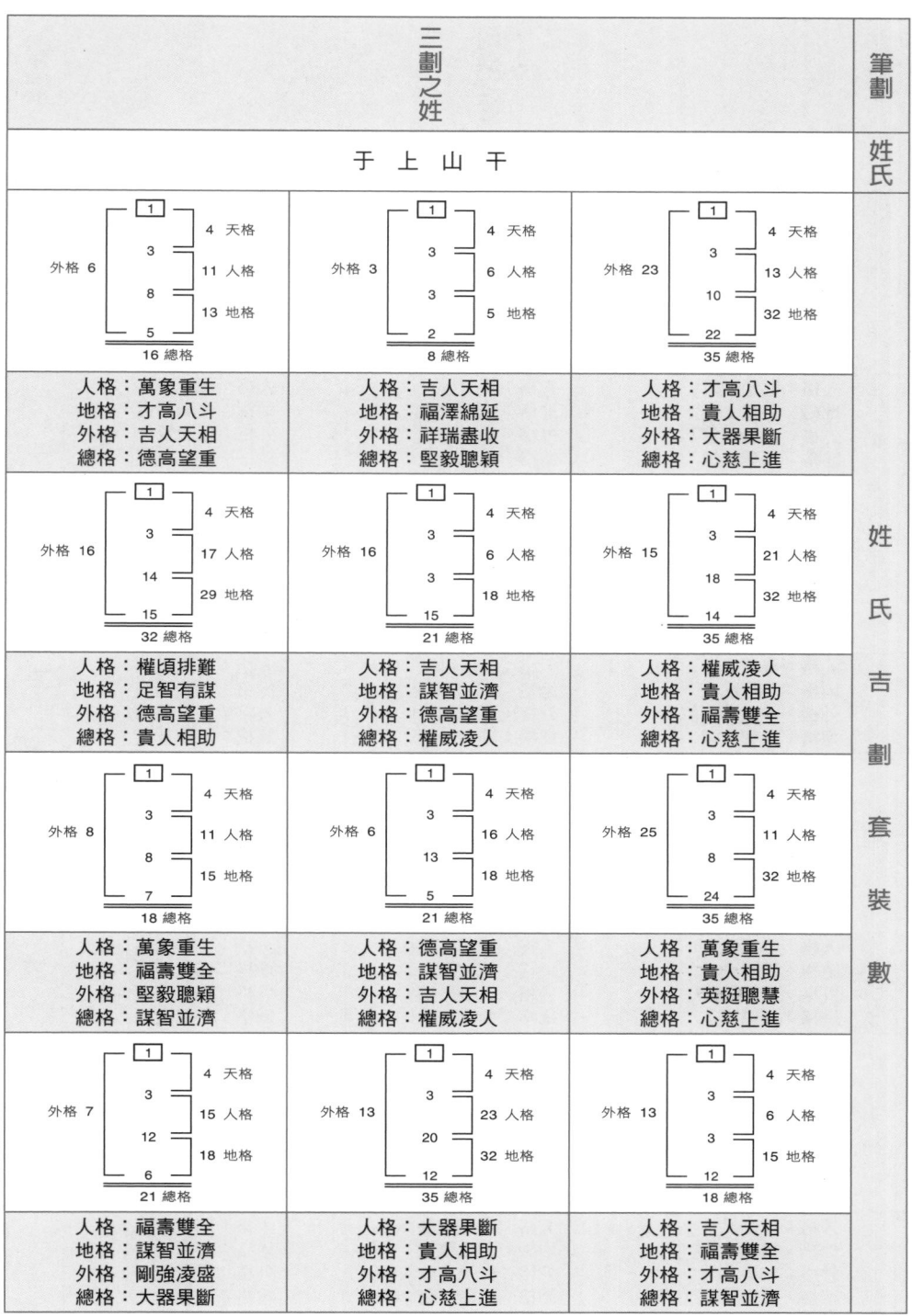

人格：萬象重生 地格：才高八斗 外格：吉人天相 總格：德高望重	

人格：萬象重生
地格：才高八斗
外格：吉人天相
總格：德高望重

人格：吉人天相
地格：福澤綿延
外格：祥瑞盡收
總格：堅毅聰穎

人格：才高八斗
地格：貴人相助
外格：大器果斷
總格：心慈上進

人格：權傾排難
地格：足智有謀
外格：德高望重
總格：貴人相助

人格：吉人天相
地格：謀智並濟
外格：德高望重
總格：權威凌人

人格：權威凌人
地格：貴人相助
外格：福壽雙全
總格：心慈上進

人格：萬象重生
地格：福壽雙全
外格：堅毅聰穎
總格：謀智並濟

人格：德高望重
地格：謀智並濟
外格：吉人天相
總格：權威凌人

人格：萬象重生
地格：貴人相助
外格：英挺聰慧
總格：心慈上進

人格：福壽雙全
地格：謀智並濟
外格：剛強凌盛
總格：大器果斷

人格：大器果斷
地格：貴人相助
外格：才高八斗
總格：心慈上進

人格：吉人天相
地格：福壽雙全
外格：才高八斗
總格：謀智並濟

四劃之姓

孔 毛 王 文 方 尤 牛 尹 元 卞 支 巴 仇 公 戈

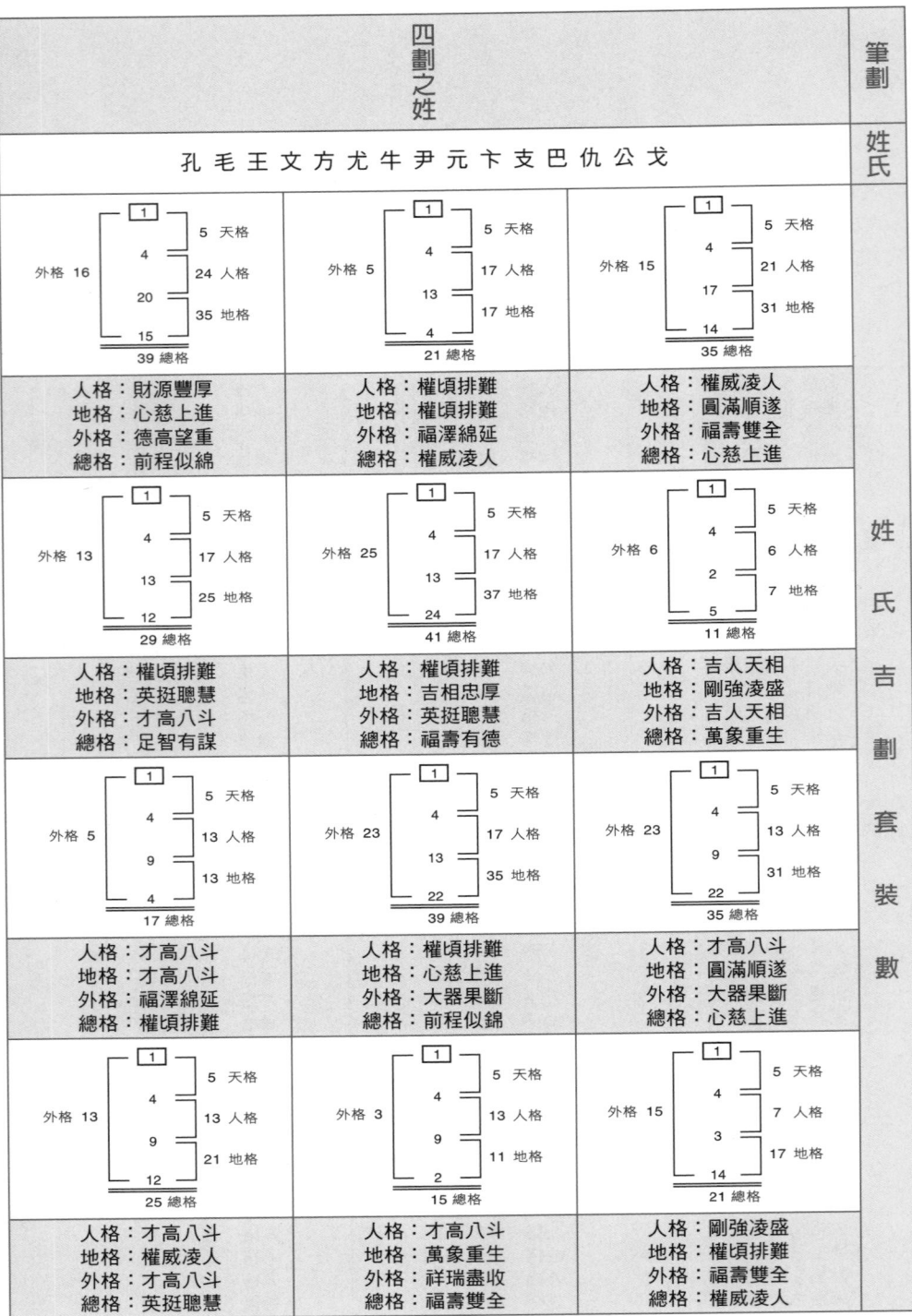

外格 16		5 天格
	4	
		24 人格
	20	
		35 地格
	15	
39 總格		

人格：財源豐厚
地格：心慈上進
外格：德高望重
總格：前程似綿

外格 5		5 天格
	4	
		17 人格
	13	
		17 地格
	4	
21 總格		

人格：權傾排難
地格：權傾排難
外格：福澤綿延
總格：權威凌人

外格 15		5 天格
	4	
		21 人格
	17	
		31 地格
	14	
35 總格		

人格：權威凌人
地格：圓滿順遂
外格：福壽雙全
總格：心慈上進

外格 13		5 天格
	4	
		17 人格
	13	
		25 地格
	12	
29 總格		

人格：權傾排難
地格：英挺聰慧
外格：才高八斗
總格：足智有謀

外格 25		5 天格
	4	
		17 人格
	13	
		37 地格
	24	
41 總格		

人格：權傾排難
地格：吉相忠厚
外格：英挺聰慧
總格：福壽有德

外格 6		5 天格
	4	
		6 人格
	2	
		7 地格
	5	
11 總格		

人格：吉人天相
地格：剛強凌盛
外格：吉人天相
總格：萬象重生

外格 5		5 天格
	4	
		13 人格
	9	
		13 地格
	4	
17 總格		

人格：才高八斗
地格：才高八斗
外格：福澤綿延
總格：權傾排難

外格 23		5 天格
	4	
		17 人格
	13	
		35 地格
	22	
39 總格		

人格：權傾排難
地格：心慈上進
外格：大器果斷
總格：前程似錦

外格 23		5 天格
	4	
		13 人格
	9	
		31 地格
	22	
35 總格		

人格：才高八斗
地格：圓滿順遂
外格：大器果斷
總格：心慈上進

外格 13		5 天格
	4	
		13 人格
	9	
		21 地格
	12	
25 總格		

人格：才高八斗
地格：權威凌人
外格：才高八斗
總格：英挺聰慧

外格 3		5 天格
	4	
		13 人格
	9	
		11 地格
	2	
15 總格		

人格：才高八斗
地格：萬象重生
外格：祥瑞盡收
總格：福壽雙全

外格 15		5 天格
	4	
		7 人格
	3	
		17 地格
	14	
21 總格		

人格：剛強凌盛
地格：權傾排難
外格：福壽雙全
總格：權威凌人

石央甘田白申包丘平令左古冉史皮

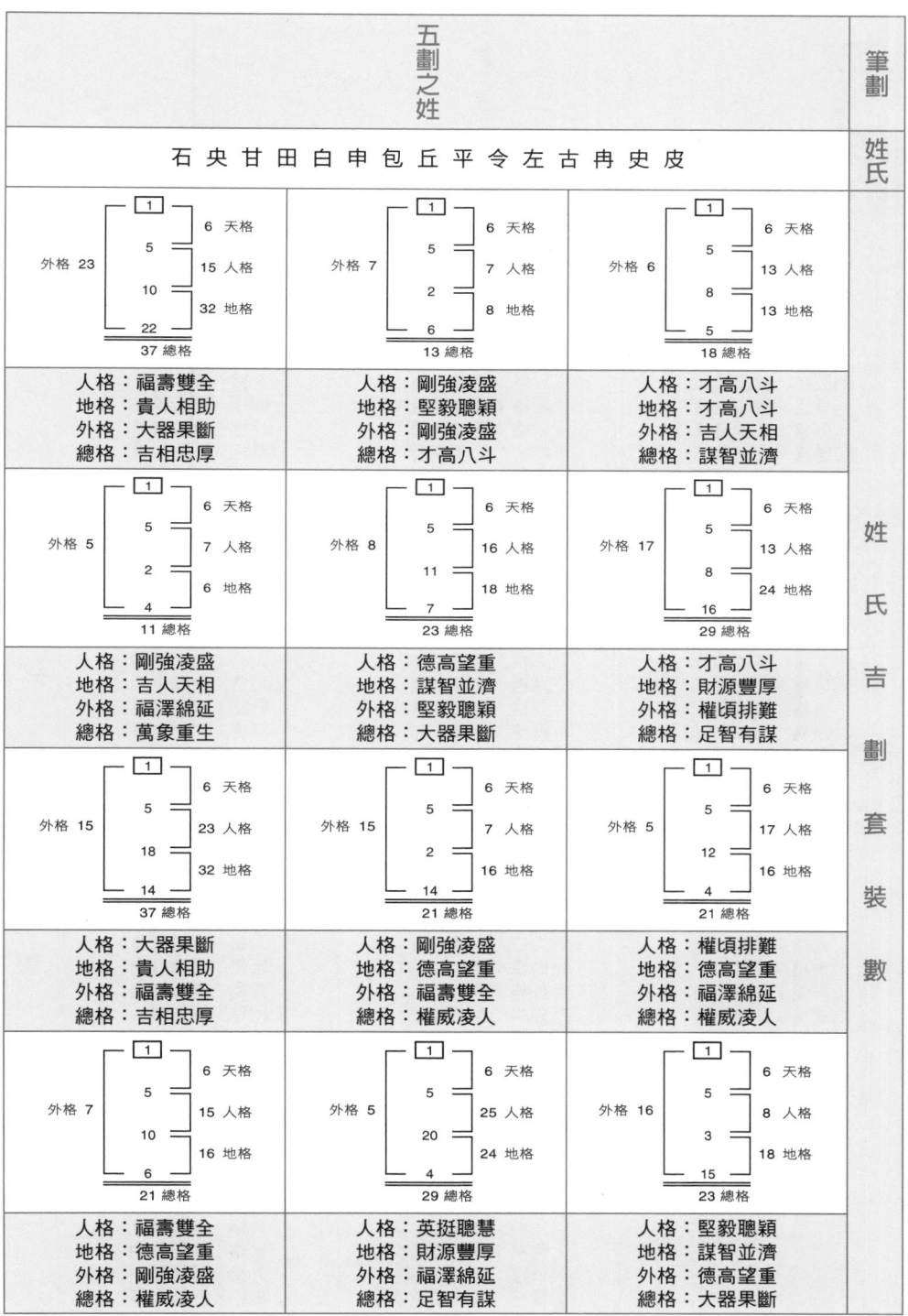

外格 23

1	6 天格
5	
	15 人格
10	
	32 地格
22	

37 總格

人格：福壽雙全
地格：貴人相助
外格：大器果斷
總格：吉相忠厚

外格 7

1	6 天格
5	
	7 人格
2	
	8 地格
6	

13 總格

人格：剛強凌盛
地格：堅毅聰穎
外格：剛強凌盛
總格：才高八斗

外格 6

1	6 天格
5	
	13 人格
8	
	13 地格
5	

18 總格

人格：才高八斗
地格：才高八斗
外格：吉人天相
總格：謀智並濟

外格 5

1	6 天格
5	
	7 人格
2	
	6 地格
4	

11 總格

人格：剛強凌盛
地格：吉人天相
外格：福澤綿延
總格：萬象重生

外格 8

1	6 天格
5	
	16 人格
11	
	18 地格
7	

23 總格

人格：德高望重
地格：謀智並濟
外格：堅毅聰穎
總格：大器果斷

外格 17

1	6 天格
5	
	13 人格
8	
	24 地格
16	

29 總格

人格：才高八斗
地格：財源豐厚
外格：權傾排難
總格：足智有謀

外格 15

1	6 天格
5	
	23 人格
18	
	32 地格
14	

37 總格

人格：大器果斷
地格：貴人相助
外格：福壽雙全
總格：吉相忠厚

外格 15

1	6 天格
5	
	7 人格
2	
	16 地格
14	

21 總格

人格：剛強凌盛
地格：德高望重
外格：福壽雙全
總格：權威凌人

外格 5

1	6 天格
5	
	17 人格
12	
	16 地格
4	

21 總格

人格：權傾排難
地格：德高望重
外格：福澤綿延
總格：權威凌人

外格 7

1	6 天格
5	
	15 人格
10	
	16 地格
6	

21 總格

人格：福壽雙全
地格：德高望重
外格：剛強凌盛
總格：權威凌人

外格 5

1	6 天格
5	
	25 人格
20	
	24 地格
4	

29 總格

人格：英挺聰慧
地格：財源豐厚
外格：福澤綿延
總格：足智有謀

外格 16

1	6 天格
5	
	8 人格
3	
	18 地格
15	

23 總格

人格：堅毅聰穎
地格：謀智並濟
外格：德高望重
總格：大器果斷

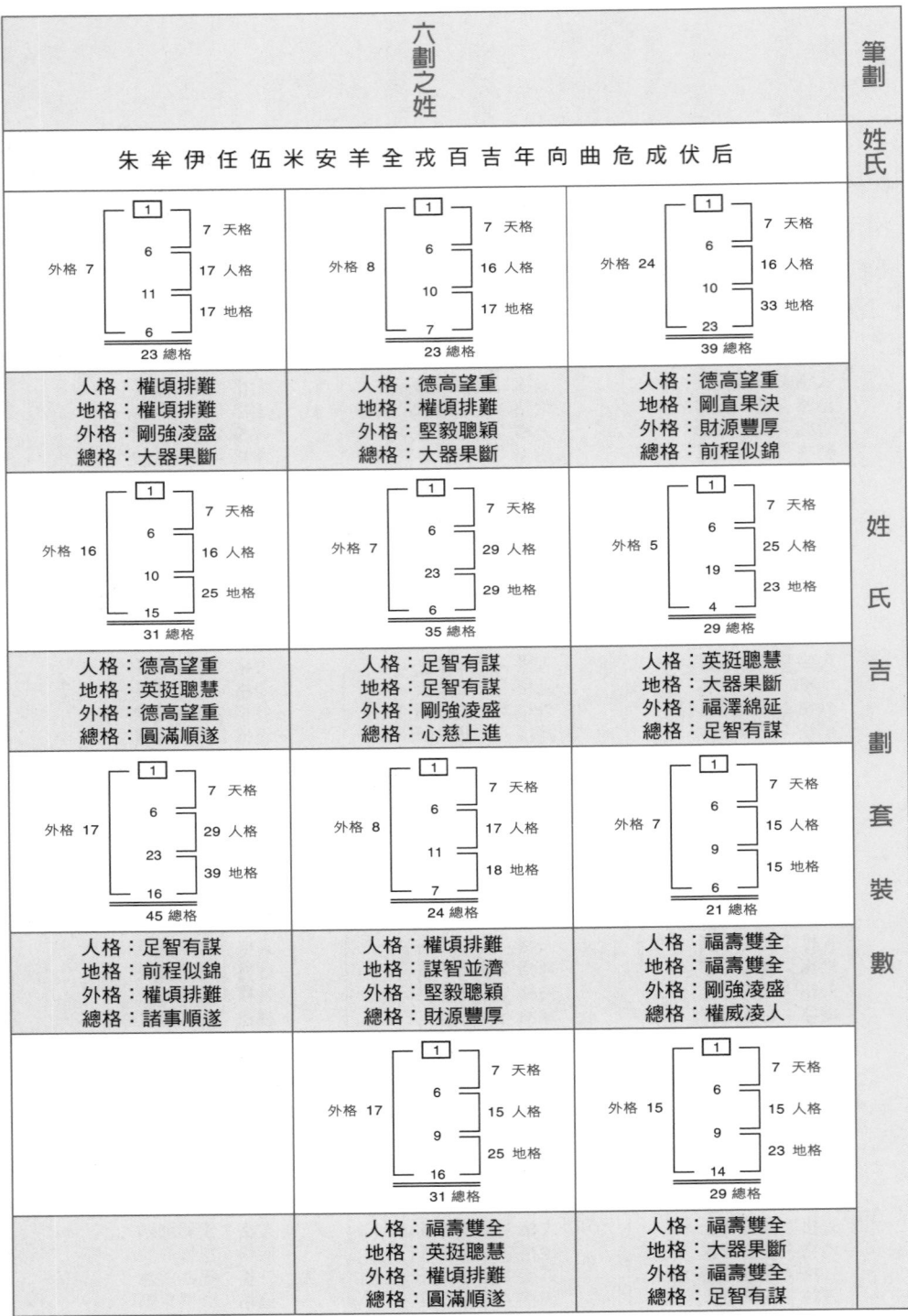

六劃之姓

姓氏吉劃套裝數

朱 牟 伊 任 伍 米 安 羊 全 戎 百 吉 年 向 曲 危 成 伏 后

第一列

外格 7 ／ 天格 7 ／ 6 ／ 人格 17 ／ 11 ／ 地格 17 ／ 6 ／ 總格 23
人格：權傾排難
地格：權傾排難
外格：剛強凌盛
總格：大器果斷

外格 8 ／ 天格 7 ／ 6 ／ 人格 16 ／ 10 ／ 地格 17 ／ 7 ／ 總格 23
人格：德高望重
地格：權傾排難
外格：堅毅聰穎
總格：大器果斷

外格 24 ／ 天格 7 ／ 6 ／ 人格 16 ／ 10 ／ 地格 33 ／ 23 ／ 總格 39
人格：德高望重
地格：剛直果決
外格：財源豐厚
總格：前程似錦

第二列

外格 16 ／ 天格 7 ／ 6 ／ 人格 16 ／ 10 ／ 地格 25 ／ 15 ／ 總格 31
人格：德高望重
地格：英挺聰慧
外格：德高望重
總格：圓滿順遂

外格 7 ／ 天格 7 ／ 6 ／ 人格 29 ／ 23 ／ 地格 29 ／ 6 ／ 總格 35
人格：足智有謀
地格：足智有謀
外格：剛強凌盛
總格：心慈上進

外格 5 ／ 天格 7 ／ 6 ／ 人格 25 ／ 19 ／ 地格 23 ／ 4 ／ 總格 29
人格：英挺聰慧
地格：大器果斷
外格：福澤綿延
總格：足智有謀

第三列

外格 17 ／ 天格 7 ／ 6 ／ 人格 29 ／ 23 ／ 地格 39 ／ 16 ／ 總格 45
人格：足智有謀
地格：前程似錦
外格：權傾排難
總格：諸事順遂

外格 8 ／ 天格 7 ／ 6 ／ 人格 17 ／ 11 ／ 地格 18 ／ 7 ／ 總格 24
人格：權傾排難
地格：謀智並濟
外格：堅毅聰穎
總格：財源豐厚

外格 7 ／ 天格 7 ／ 6 ／ 人格 15 ／ 9 ／ 地格 15 ／ 6 ／ 總格 21
人格：福壽雙全
地格：福壽雙全
外格：剛強凌盛
總格：權威凌人

第四列

外格 17 ／ 天格 7 ／ 6 ／ 人格 15 ／ 9 ／ 地格 25 ／ 16 ／ 總格 31
人格：福壽雙全
地格：英挺聰慧
外格：權傾排難
總格：圓滿順遂

外格 15 ／ 天格 7 ／ 6 ／ 人格 15 ／ 9 ／ 地格 23 ／ 14 ／ 總格 29
人格：福壽雙全
地格：大器果斷
外格：福壽雙全
總格：足智有謀

七劃之姓

李 吳 宋 江 何 呂 余 辛 谷 巫 車 利 甫 池 岑

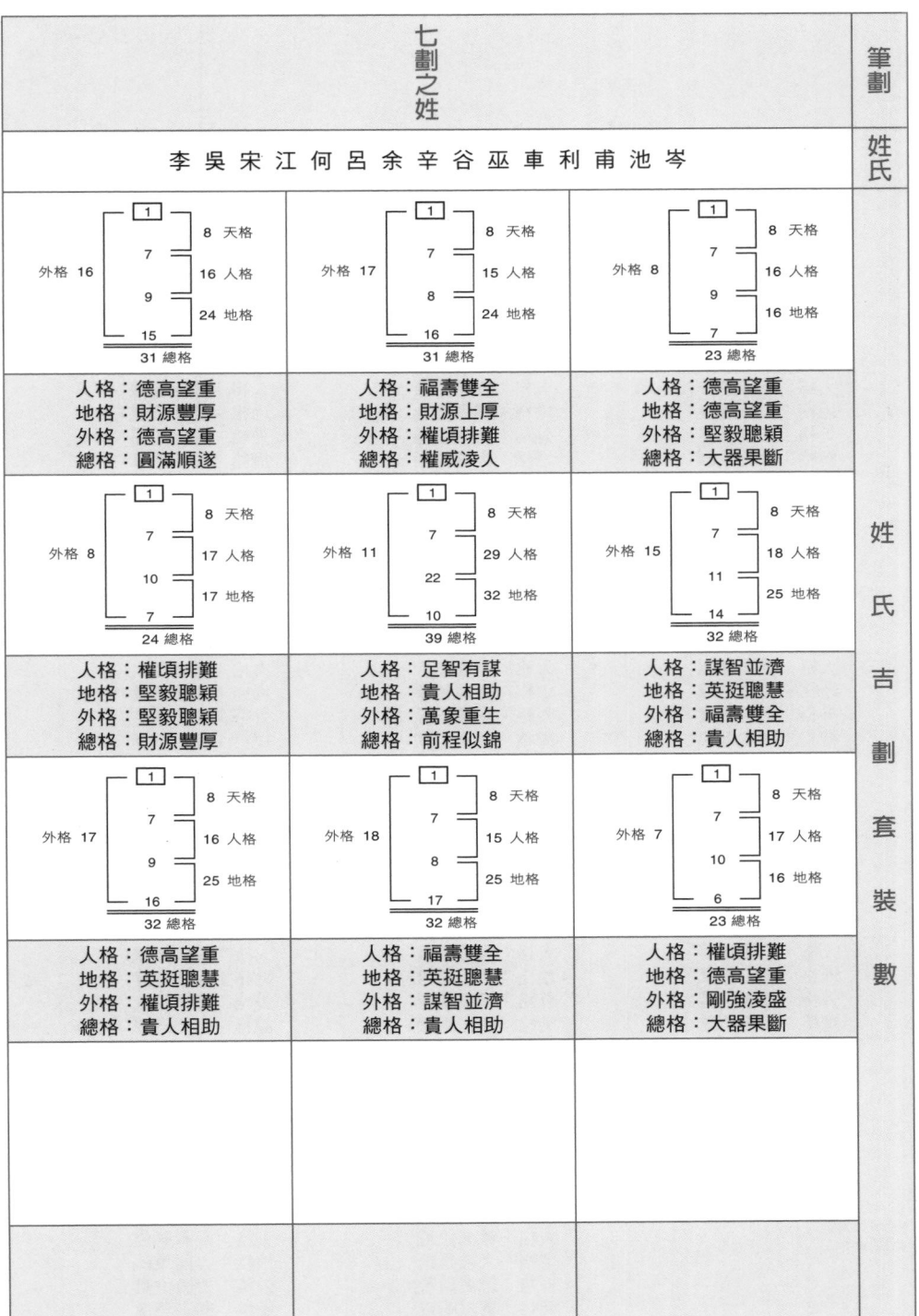

人格：德高望重 **地格**：財源豐厚 **外格**：德高望重 **總格**：圓滿順遂	外格 16 / 8 天格 / 7 / 16 人格 / 9 / 24 地格 / 15 / 31 總格
人格：福壽雙全 **地格**：財源上厚 **外格**：權傾排難 **總格**：權威凌人	外格 17 / 8 天格 / 7 / 15 人格 / 8 / 24 地格 / 16 / 31 總格
人格：德高望重 **地格**：德高望重 **外格**：堅毅聰穎 **總格**：大器果斷	外格 8 / 8 天格 / 7 / 16 人格 / 9 / 16 地格 / 7 / 23 總格
人格：權傾排難 **地格**：堅毅聰穎 **外格**：堅毅聰穎 **總格**：財源豐厚	外格 8 / 8 天格 / 7 / 17 人格 / 10 / 17 地格 / 7 / 24 總格
人格：足智有謀 **地格**：貴人相助 **外格**：萬象重生 **總格**：前程似錦	外格 11 / 8 天格 / 7 / 29 人格 / 22 / 32 地格 / 10 / 39 總格
人格：謀智並濟 **地格**：英挺聰慧 **外格**：福壽雙全 **總格**：貴人相助	外格 15 / 8 天格 / 7 / 18 人格 / 11 / 25 地格 / 14 / 32 總格
人格：德高望重 **地格**：英挺聰慧 **外格**：權傾排難 **總格**：貴人相助	外格 17 / 8 天格 / 7 / 16 人格 / 9 / 25 地格 / 16 / 32 總格
人格：福壽雙全 **地格**：英挺聰慧 **外格**：謀智並濟 **總格**：貴人相助	外格 18 / 8 天格 / 7 / 15 人格 / 8 / 25 地格 / 17 / 32 總格
人格：權傾排難 **地格**：德高望重 **外格**：剛強凌盛 **總格**：大器果斷	外格 7 / 8 天格 / 7 / 17 人格 / 10 / 16 地格 / 6 / 23 總格

筆劃　姓氏

姓氏吉劃套裝數

林 周 汪 金 官 季 岳 宗 沈 卓 狄 屈 杭 牧 居 武 幸 宓 艾 協 祁

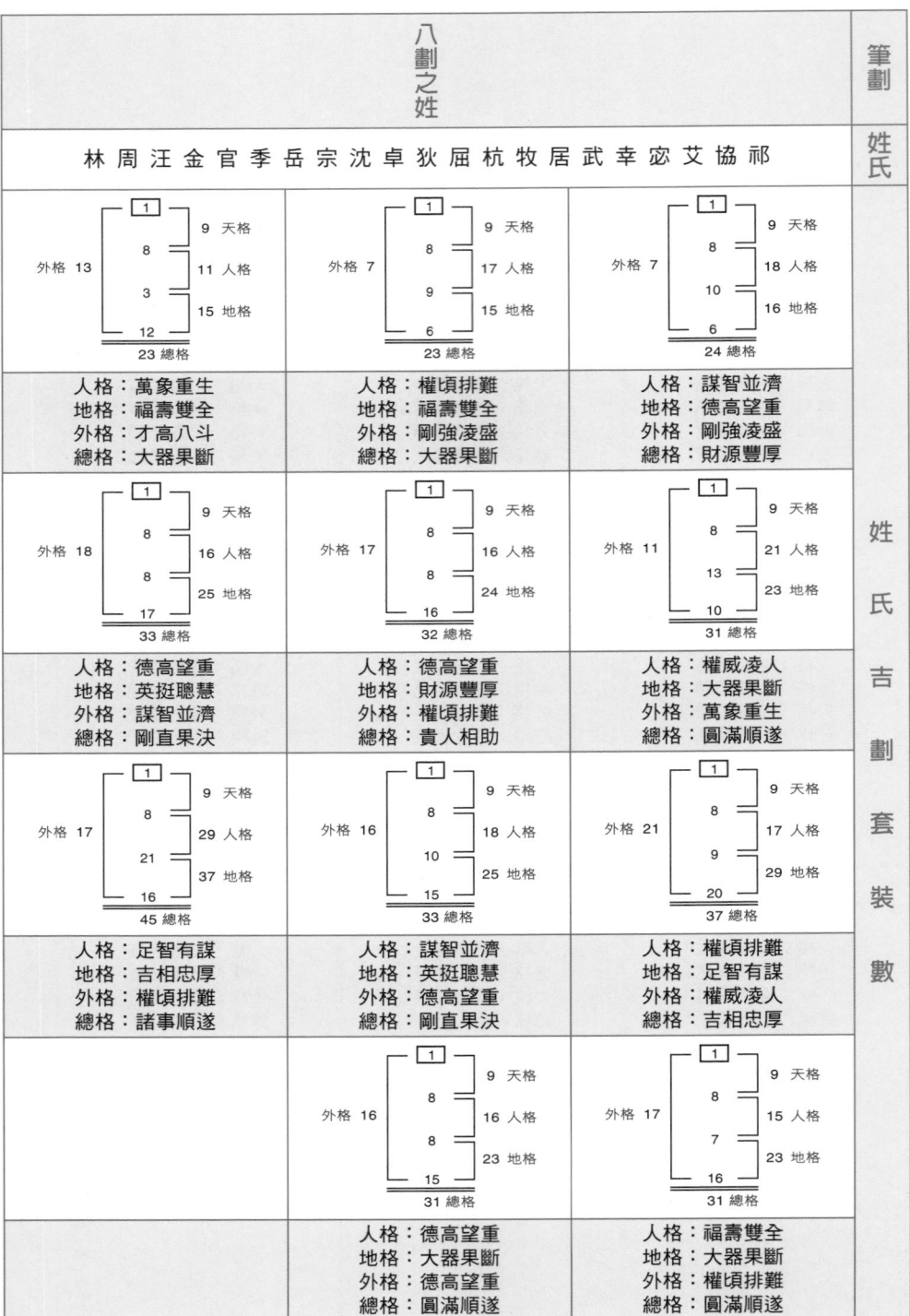

第一組
1 ／ 8 ／ 9 天格 ／ 外格 13 ／ 11 人格 ／ 3 ／ 15 地格 ／ 12 ／ 23 總格
人格：萬象重生
地格：福壽雙全
外格：才高八斗
總格：大器果斷

第二組
1 ／ 8 ／ 9 天格 ／ 外格 7 ／ 17 人格 ／ 9 ／ 15 地格 ／ 6 ／ 23 總格
人格：權傾排難
地格：福壽雙全
外格：剛強凌盛
總格：大器果斷

第三組
1 ／ 8 ／ 9 天格 ／ 外格 7 ／ 18 人格 ／ 10 ／ 16 地格 ／ 6 ／ 24 總格
人格：謀智並濟
地格：德高望重
外格：剛強凌盛
總格：財源豐厚

第四組
1 ／ 8 ／ 9 天格 ／ 外格 18 ／ 16 人格 ／ 8 ／ 25 地格 ／ 17 ／ 33 總格
人格：德高望重
地格：英挺聰慧
外格：謀智並濟
總格：剛直果決

第五組
1 ／ 8 ／ 9 天格 ／ 外格 17 ／ 16 人格 ／ 8 ／ 24 地格 ／ 16 ／ 32 總格
人格：德高望重
地格：財源豐厚
外格：權傾排難
總格：貴人相助

第六組
1 ／ 8 ／ 9 天格 ／ 外格 11 ／ 21 人格 ／ 13 ／ 23 地格 ／ 10 ／ 31 總格
人格：權威凌人
地格：大器果斷
外格：萬象重生
總格：圓滿順遂

第七組
1 ／ 8 ／ 9 天格 ／ 外格 17 ／ 29 人格 ／ 21 ／ 37 地格 ／ 16 ／ 45 總格
人格：足智有謀
地格：吉相忠厚
外格：權傾排難
總格：諸事順遂

第八組
1 ／ 8 ／ 9 天格 ／ 外格 16 ／ 18 人格 ／ 10 ／ 25 地格 ／ 15 ／ 33 總格
人格：謀智並濟
地格：英挺聰慧
外格：德高望重
總格：剛直果決

第九組
1 ／ 8 ／ 9 天格 ／ 外格 21 ／ 17 人格 ／ 9 ／ 29 地格 ／ 20 ／ 37 總格
人格：權傾排難
地格：足智有謀
外格：權威凌人
總格：吉相忠厚

第十組
1 ／ 8 ／ 9 天格 ／ 外格 16 ／ 16 人格 ／ 8 ／ 23 地格 ／ 15 ／ 31 總格
人格：德高望重
地格：大器果斷
外格：德高望重
總格：圓滿順遂

第十一組
1 ／ 8 ／ 9 天格 ／ 外格 17 ／ 15 人格 ／ 7 ／ 23 地格 ／ 16 ／ 31 總格
人格：福壽雙全
地格：大器果斷
外格：權傾排難
總格：圓滿順遂

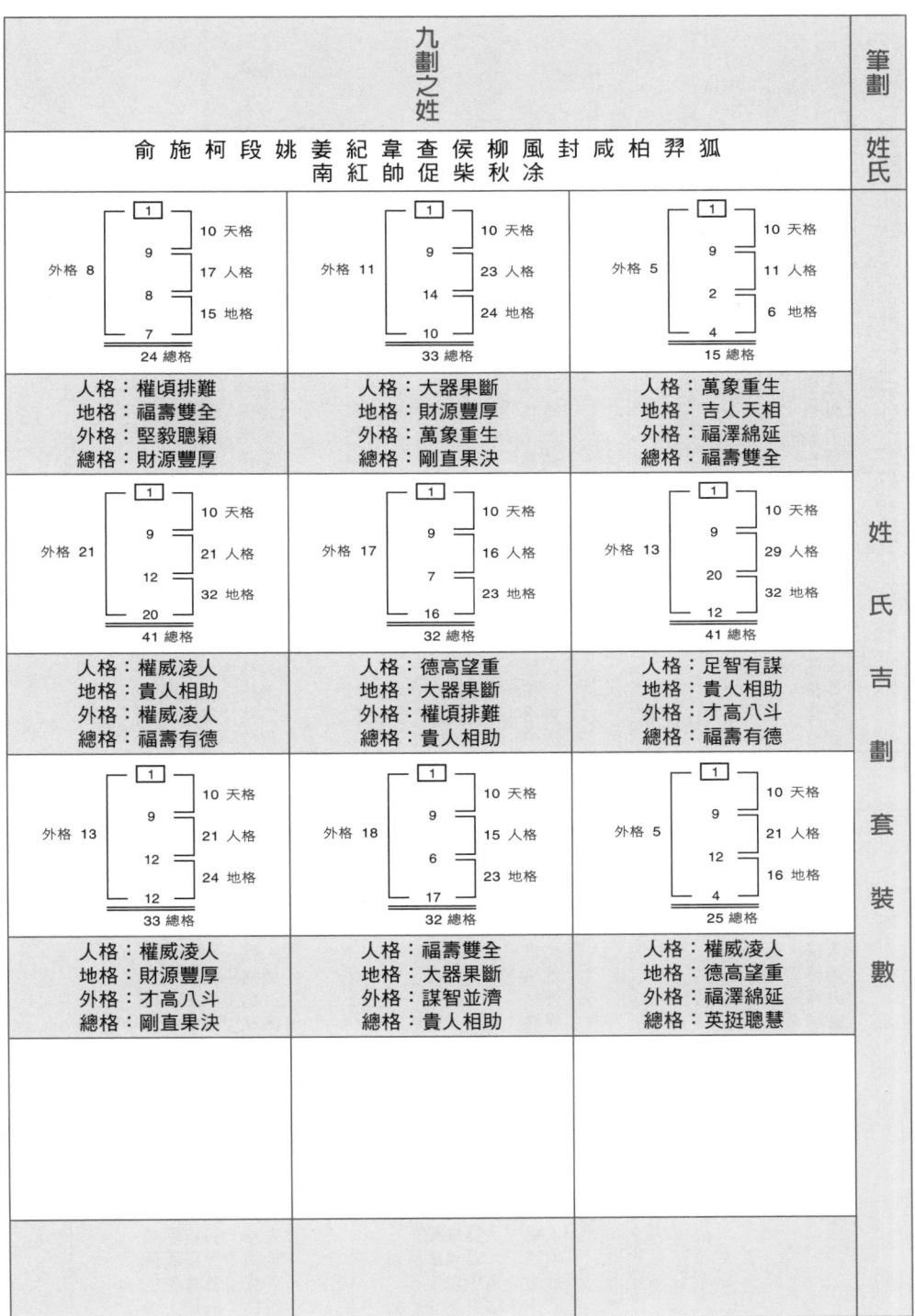

九劃之姓

俞 施 柯 段 姚 姜 紀 韋 查 侯 柳 風 封 咸 柏 羿 狐
南 紅 帥 促 柴 秋 凃

外格 8　天格 10 9 人格 17 8 地格 15 7 總格 24	外格 11　天格 10 9 人格 23 14 地格 24 10 總格 33	外格 5　天格 10 9 人格 11 2 地格 6 4 總格 15
人格：權傾排難 地格：福壽雙全 外格：堅毅聰穎 總格：財源豐厚	人格：大器果斷 地格：財源豐厚 外格：萬象重生 總格：剛直果決	人格：萬象重生 地格：吉人天相 外格：福澤綿延 總格：福壽雙全
外格 21　天格 10 9 人格 21 12 地格 32 20 總格 41	外格 17　天格 10 9 人格 16 7 地格 23 16 總格 32	外格 13　天格 10 9 人格 29 20 地格 32 12 總格 41
人格：權威凌人 地格：貴人相助 外格：權威凌人 總格：福壽有德	人格：德高望重 地格：大器果斷 外格：權傾排難 總格：貴人相助	人格：足智有謀 地格：貴人相助 外格：才高八斗 總格：福壽有德
外格 13　天格 10 9 人格 21 12 地格 24 12 總格 33	外格 18　天格 10 9 人格 15 6 地格 23 17 總格 32	外格 5　天格 10 9 人格 21 12 地格 16 4 總格 25
人格：權威凌人 地格：財源豐厚 外格：才高八斗 總格：剛直果決	人格：福壽雙全 地格：大器果斷 外格：謀智並濟 總格：貴人相助	人格：權威凌人 地格：德高望重 外格：福澤綿延 總格：英挺聰慧

十劃之姓

倪 秦 晉 袁 夏 翁 洪 高 花 徐 殷 祖 凌 席 烏 貢 恥 家
祝 桂 耿 馬 宮 展 唐 孫 奚 姬

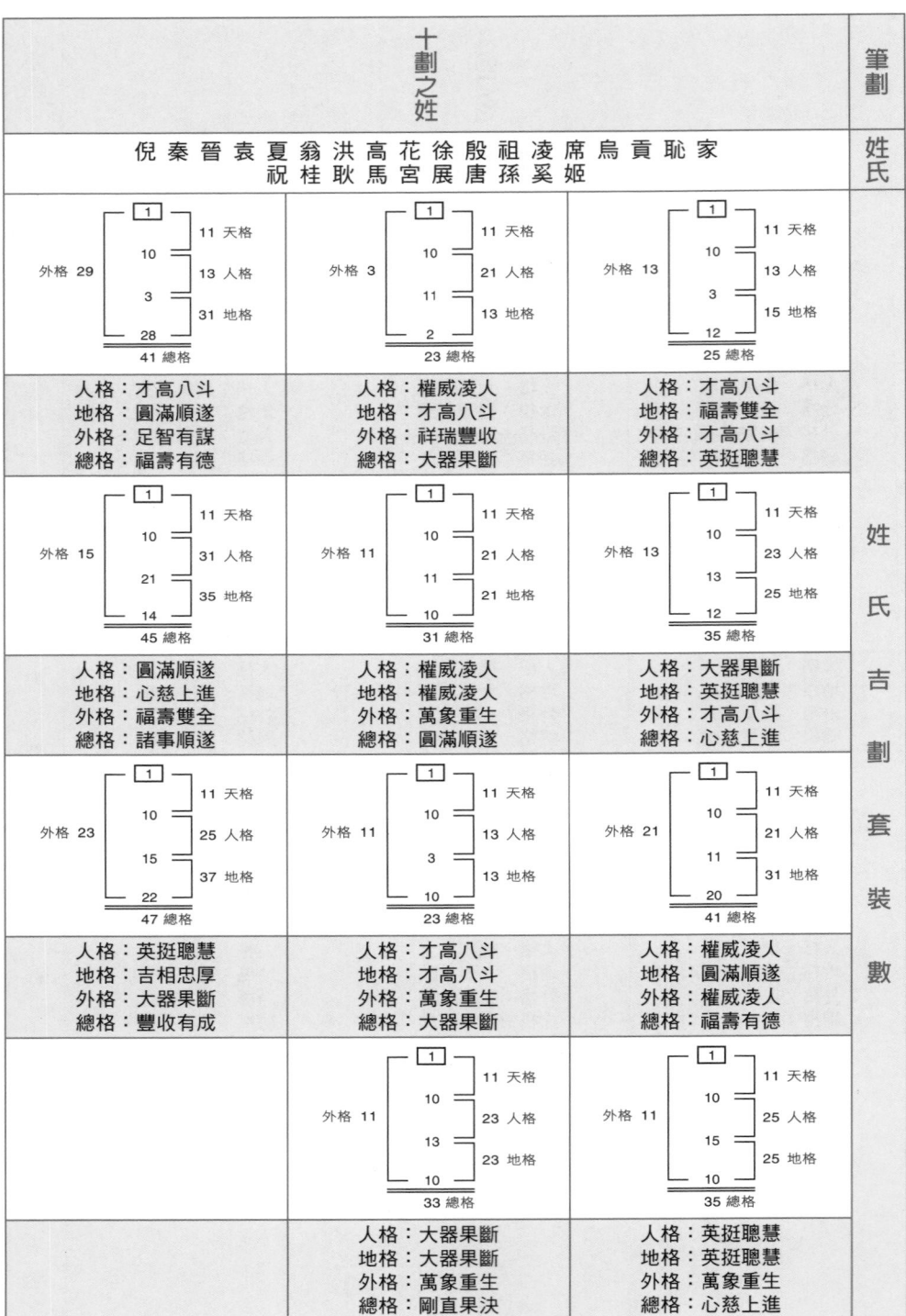

外格 29	1 11 天格 / 10 / 13 人格 / 3 / 31 地格 / 28 / 41 總格	外格 3	1 11 天格 / 10 / 21 人格 / 11 / 13 地格 / 2 / 23 總格	外格 13	1 11 天格 / 10 / 13 人格 / 3 / 15 地格 / 12 / 25 總格
人格：才高八斗 地格：圓滿順遂 外格：足智有謀 總格：福壽有德	人格：權威凌人 地格：才高八斗 外格：祥瑞豐收 總格：大器果斷	人格：才高八斗 地格：福壽雙全 外格：才高八斗 總格：英挺聰慧
外格 15	1 11 天格 / 10 / 31 人格 / 21 / 35 地格 / 14 / 45 總格	外格 11	1 11 天格 / 10 / 21 人格 / 11 / 21 地格 / 10 / 31 總格	外格 13	1 11 天格 / 10 / 23 人格 / 13 / 25 地格 / 12 / 35 總格
人格：圓滿順遂 地格：心慈上進 外格：福壽雙全 總格：諸事順遂	人格：權威凌人 地格：權威凌人 外格：萬象重生 總格：圓滿順遂	人格：大器果斷 地格：英挺聰慧 外格：才高八斗 總格：心慈上進
外格 23	1 11 天格 / 10 / 25 人格 / 15 / 37 地格 / 22 / 47 總格	外格 11	1 11 天格 / 10 / 13 人格 / 3 / 13 地格 / 10 / 23 總格	外格 21	1 11 天格 / 10 / 21 人格 / 11 / 31 地格 / 20 / 41 總格
人格：英挺聰慧 地格：吉相忠厚 外格：大器果斷 總格：豐收有成	人格：才高八斗 地格：才高八斗 外格：萬象重生 總格：大器果斷	人格：權威凌人 地格：圓滿順遂 外格：權威凌人 總格：福壽有德
	外格 11	1 11 天格 / 10 / 23 人格 / 13 / 23 地格 / 10 / 33 總格	外格 11	1 11 天格 / 10 / 25 人格 / 15 / 25 地格 / 10 / 35 總格
	人格：大器果斷 地格：大器果斷 外格：萬象重生 總格：剛直果決	人格：英挺聰慧 地格：英挺聰慧 外格：萬象重生 總格：心慈上進

十一劃之姓

張 許 梅 章 梁 康 范 曹 麥 從 崖 那 崔 邢 寇 苗 尉 商 畢 涂
區 班 浦 婁 符 盛 胡 紫 胥

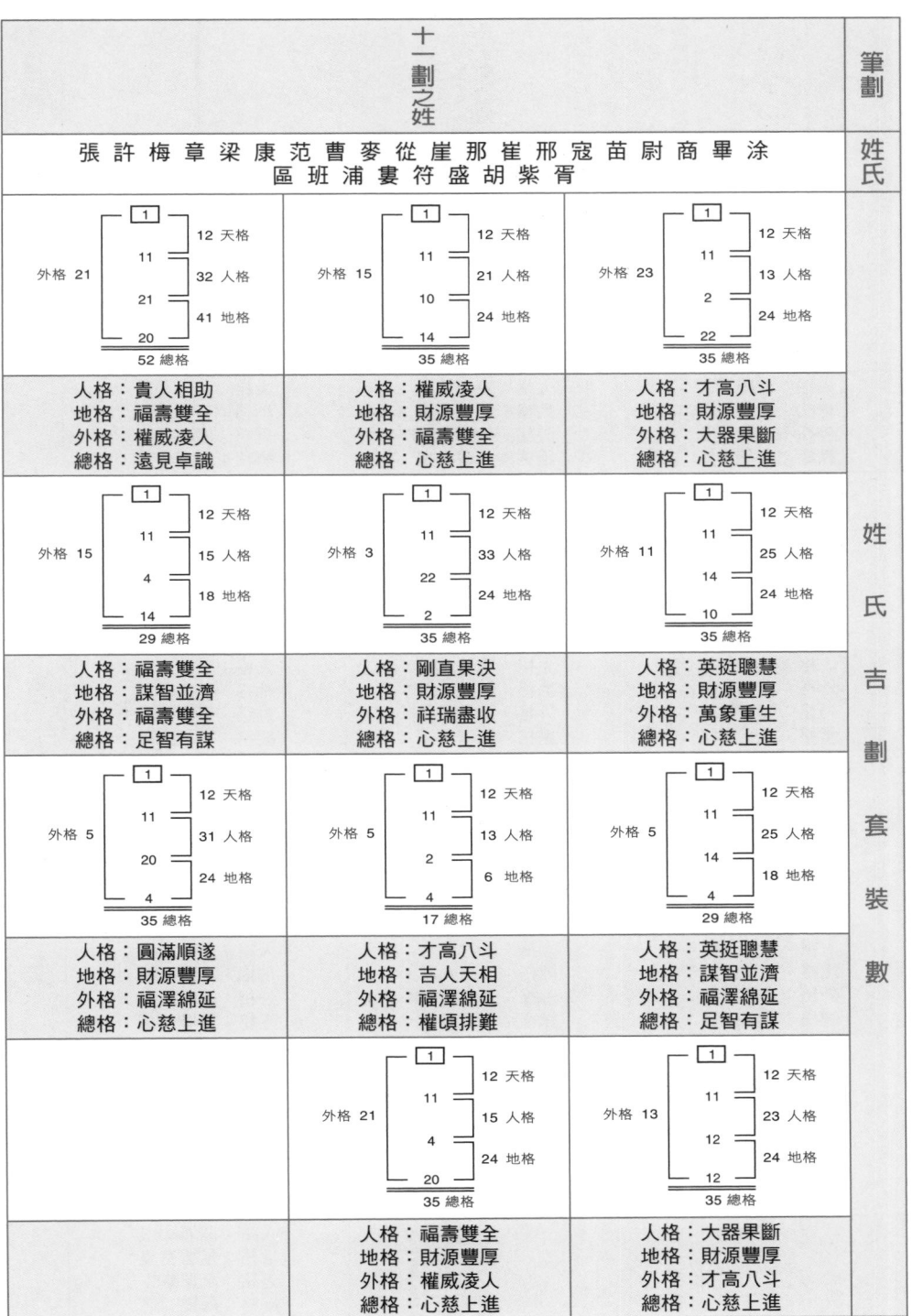

筆劃　姓氏

姓氏吉劃套裝數

245

十二劃之姓

黃曾邵邱彭程阮項童賀喬富荊甯景荀閔喻雲傅費焦舒辜屠馮善賀堵

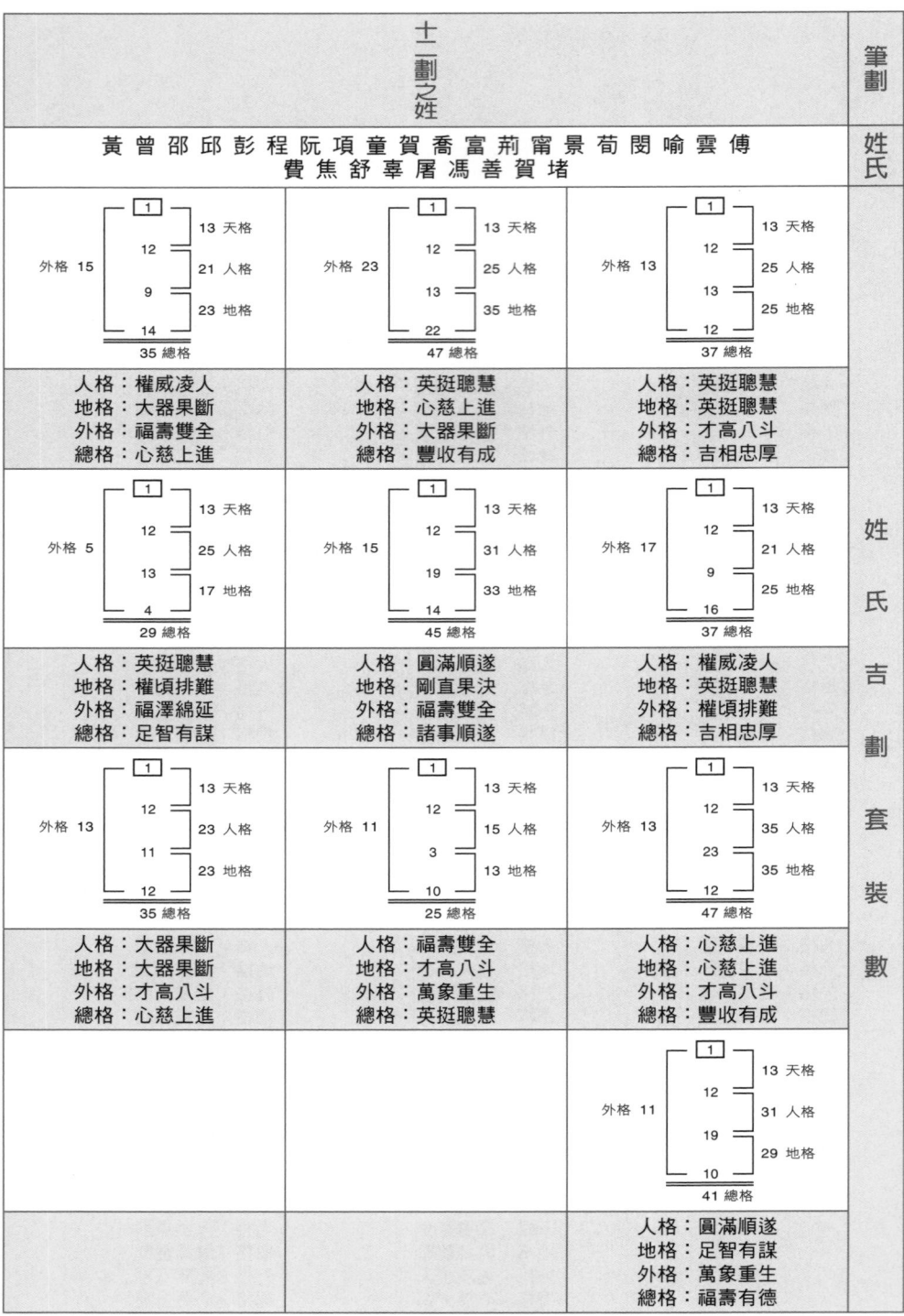

第一組
外格 15　1 / 12 / 9 / 14　13 天格　21 人格　23 地格　35 總格
人格：權威凌人
地格：大器果斷
外格：福壽雙全
總格：心慈上進

第二組
外格 23　1 / 12 / 13 / 22　13 天格　25 人格　35 地格　47 總格
人格：英挺聰慧
地格：心慈上進
外格：大器果斷
總格：豐收有成

第三組
外格 13　1 / 12 / 13 / 12　13 天格　25 人格　25 地格　37 總格
人格：英挺聰慧
地格：英挺聰慧
外格：才高八斗
總格：吉相忠厚

第四組
外格 5　1 / 12 / 13 / 4　13 天格　25 人格　17 地格　29 總格
人格：英挺聰慧
地格：權傾排難
外格：福澤綿延
總格：足智有謀

第五組
外格 15　1 / 12 / 19 / 14　13 天格　31 人格　33 地格　45 總格
人格：圓滿順遂
地格：剛直果決
外格：福壽雙全
總格：諸事順遂

第六組
外格 17　1 / 12 / 9 / 16　13 天格　21 人格　25 地格　37 總格
人格：權威凌人
地格：英挺聰慧
外格：權傾排難
總格：吉相忠厚

第七組
外格 13　1 / 12 / 11 / 12　13 天格　23 人格　23 地格　35 總格
人格：大器果斷
地格：大器果斷
外格：才高八斗
總格：心慈上進

第八組
外格 11　1 / 12 / 3 / 10　13 天格　15 人格　13 地格　25 總格
人格：福壽雙全
地格：才高八斗
外格：萬象重生
總格：英挺聰慧

第九組
外格 13　1 / 12 / 23 / 12　13 天格　35 人格　35 地格　47 總格
人格：心慈上進
地格：心慈上進
外格：才高八斗
總格：豐收有成

第十組
外格 11　1 / 12 / 19 / 10　13 天格　31 人格　29 地格　41 總格
人格：圓滿順遂
地格：足智有謀
外格：萬象重生
總格：福壽有德

十三劃之姓

楊 莊 詹 游 農 廉 雍 賈 莫 虞 楚 湯 路 裘 解 歲 塗 郎 雷 資 裎 靳

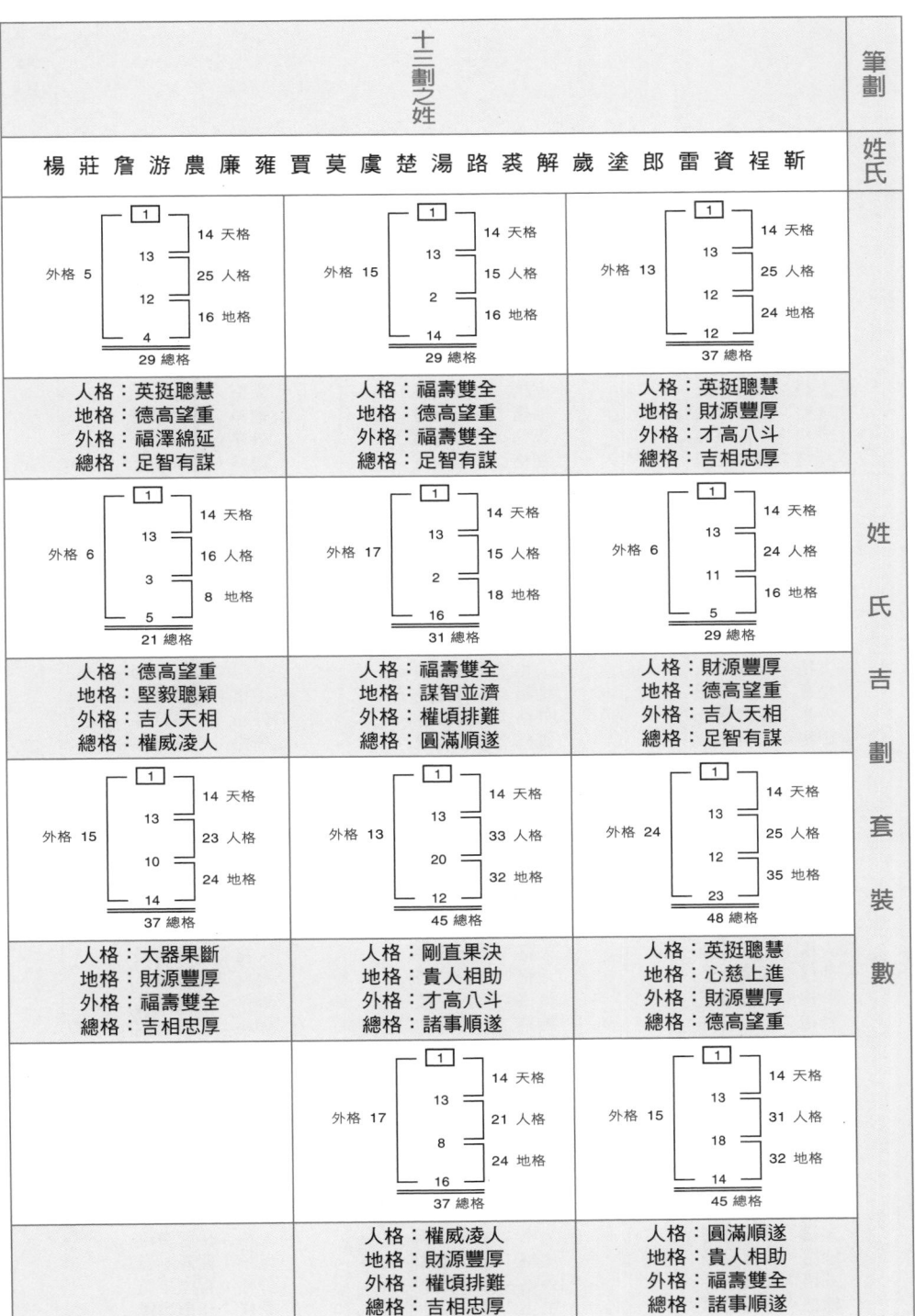

外格 5 · 1 / 14 天格 / 13 / 25 人格 / 12 / 16 地格 / 4 · 29 總格	外格 15 · 1 / 14 天格 / 13 / 15 人格 / 2 / 16 地格 / 14 · 29 總格	外格 13 · 1 / 14 天格 / 13 / 25 人格 / 12 / 24 地格 / 12 · 37 總格
人格：英挺聰慧 地格：德高望重 外格：福澤綿延 總格：足智有謀	人格：福壽雙全 地格：德高望重 外格：福壽雙全 總格：足智有謀	人格：英挺聰慧 地格：財源豐厚 外格：才高八斗 總格：吉相忠厚
外格 6 · 1 / 14 天格 / 13 / 16 人格 / 3 / 8 地格 / 5 · 21 總格	外格 17 · 1 / 14 天格 / 13 / 15 人格 / 2 / 18 地格 / 16 · 31 總格	外格 6 · 1 / 14 天格 / 13 / 24 人格 / 11 / 16 地格 / 5 · 29 總格
人格：德高望重 地格：堅毅聰穎 外格：吉人天相 總格：權威凌人	人格：福壽雙全 地格：謀智並濟 外格：權傾排難 總格：圓滿順遂	人格：財源豐厚 地格：德高望重 外格：吉人天相 總格：足智有謀
外格 15 · 1 / 14 天格 / 13 / 23 人格 / 10 / 24 地格 / 14 · 37 總格	外格 13 · 1 / 14 天格 / 13 / 33 人格 / 20 / 32 地格 / 12 · 45 總格	外格 24 · 1 / 14 天格 / 13 / 25 人格 / 12 / 35 地格 / 23 · 48 總格
人格：大器果斷 地格：財源豐厚 外格：福壽雙全 總格：吉相忠厚	人格：剛直果決 地格：貴人相助 外格：才高八斗 總格：諸事順遂	人格：英挺聰慧 地格：心慈上進 外格：財源豐厚 總格：德高望重
	外格 17 · 1 / 14 天格 / 13 / 21 人格 / 8 / 24 地格 / 16 · 37 總格	外格 15 · 1 / 14 天格 / 13 / 31 人格 / 18 / 32 地格 / 14 · 45 總格
	人格：權威凌人 地格：財源豐厚 外格：權傾排難 總格：吉相忠厚	人格：圓滿順遂 地格：貴人相助 外格：福壽雙全 總格：諸事順遂

連 廖 熊 華 管 趙 裴 甄 齊 壽 郝 翟 寧 滕 郜 郗 溫	姓氏

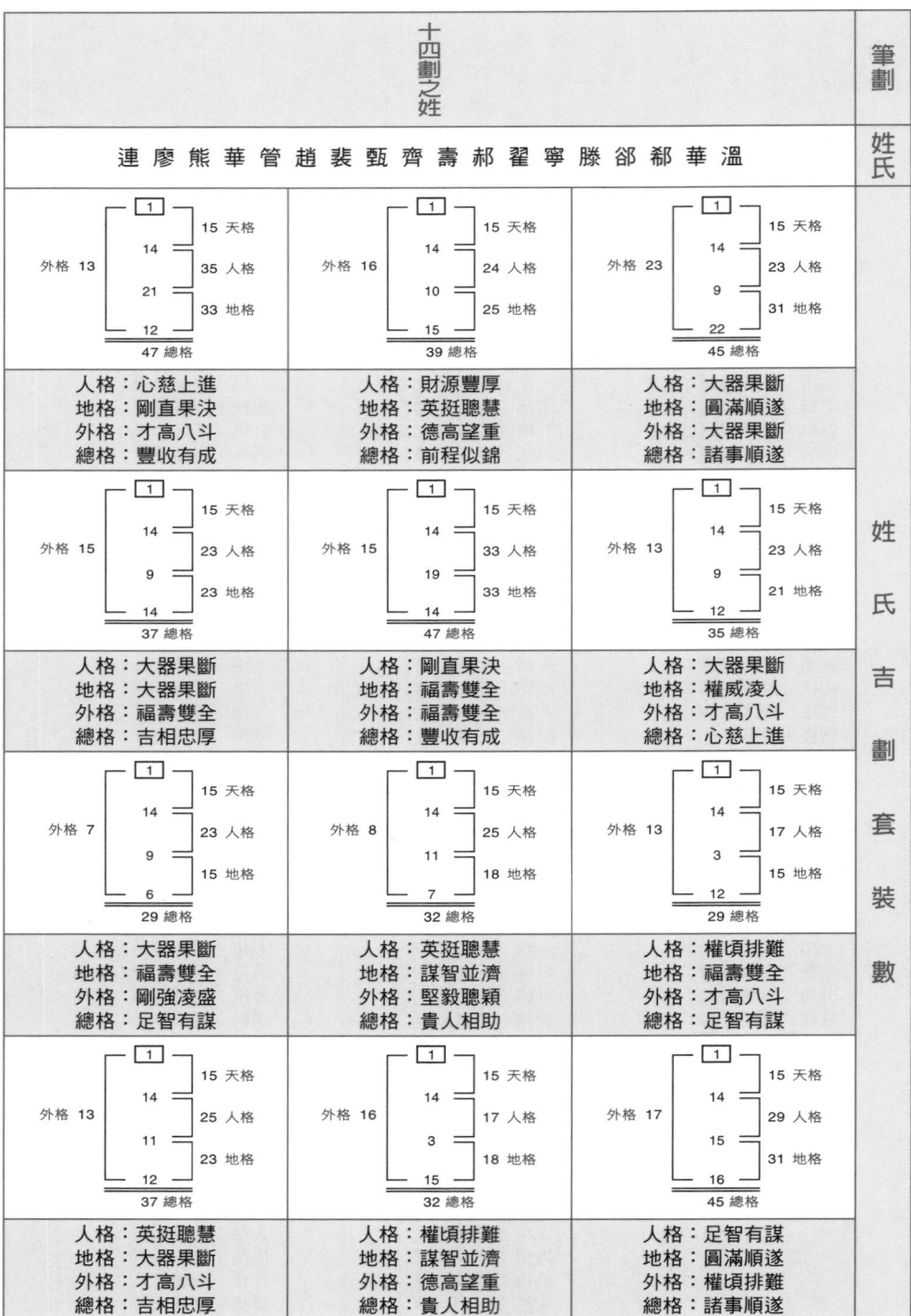

第一列

十四劃之姓		
外格 13，1 / 14 / 21 / 12；天格 15，人格 35，地格 33；總格 47	外格 16，1 / 14 / 10 / 15；天格 15，人格 24，地格 25；總格 39	外格 23，1 / 14 / 9 / 22；天格 15，人格 23，地格 31；總格 45
人格：心慈上進 地格：剛直果決 外格：才高八斗 總格：豐收有成	人格：財源豐厚 地格：英挺聰慧 外格：德高望重 總格：前程似錦	人格：大器果斷 地格：圓滿順遂 外格：大器果斷 總格：諸事順遂
外格 15，1 / 14 / 9 / 14；天格 15，人格 23，地格 23；總格 37	外格 15，1 / 14 / 19 / 14；天格 15，人格 33，地格 33；總格 47	外格 13，1 / 14 / 9 / 12；天格 15，人格 23，地格 21；總格 35
人格：大器果斷 地格：大器果斷 外格：福壽雙全 總格：吉相忠厚	人格：剛直果決 地格：福壽雙全 外格：福壽雙全 總格：豐收有成	人格：大器果斷 地格：權威凌人 外格：才高八斗 總格：心慈上進
外格 7，1 / 14 / 9 / 6；天格 15，人格 23，地格 15；總格 29	外格 8，1 / 14 / 11 / 7；天格 15，人格 25，地格 18；總格 32	外格 13，1 / 14 / 3 / 12；天格 15，人格 17，地格 15；總格 29
人格：大器果斷 地格：福壽雙全 外格：剛強凌盛 總格：足智有謀	人格：英挺聰慧 地格：謀智並濟 外格：堅毅聰穎 總格：貴人相助	人格：權傾排難 地格：福壽雙全 外格：才高八斗 總格：足智有謀
外格 13，1 / 14 / 11 / 12；天格 15，人格 25，地格 23；總格 37	外格 16，1 / 14 / 3 / 15；天格 15，人格 17，地格 18；總格 32	外格 17，1 / 14 / 15 / 16；天格 15，人格 29，地格 31；總格 45
人格：英挺聰慧 地格：大器果斷 外格：才高八斗 總格：吉相忠厚	人格：權傾排難 地格：謀智並濟 外格：德高望重 總格：貴人相助	人格：足智有謀 地格：圓滿順遂 外格：權傾排難 總格：諸事順遂

姓氏吉劃套裝數

姓氏　　劉 郭 葉 歐 董 葛 萬 樂 談 厲 黎 滿 鞏 樓 樊 魯 褚 閭 衛

姓氏吉劃套裝數

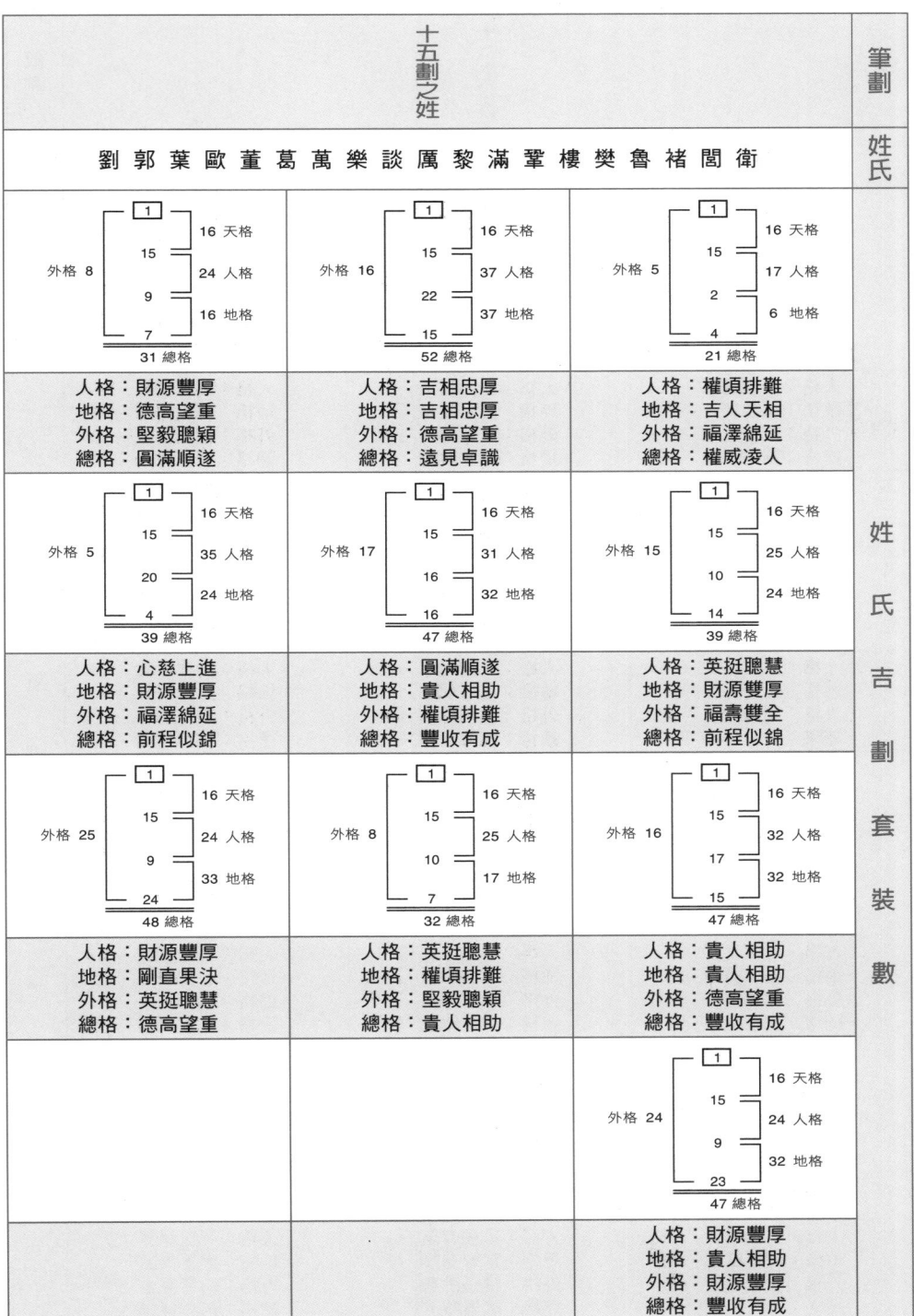

（一）　1／15／9／7　天格16　人格24　地格16　外格8　總格31
人格：財源豐厚
地格：德高望重
外格：堅毅聰穎
總格：圓滿順遂

（二）　1／15／22／15　天格16　人格37　地格37　外格16　總格52
人格：吉相忠厚
地格：吉相忠厚
外格：德高望重
總格：遠見卓識

（三）　1／15／2／4　天格16　人格17　地格6　外格5　總格21
人格：權傾排難
地格：吉人天相
外格：福澤綿延
總格：權威凌人

（四）　1／15／20／4　天格16　人格35　地格24　外格5　總格39
人格：心慈上進
地格：財源豐厚
外格：福澤綿延
總格：前程似錦

（五）　1／15／16／16　天格16　人格31　地格32　外格17　總格47
人格：圓滿順遂
地格：貴人相助
外格：權傾排難
總格：豐收有成

（六）　1／15／10／14　天格16　人格25　地格24　外格15　總格39
人格：英挺聰慧
地格：財源雙厚
外格：福壽雙全
總格：前程似錦

（七）　1／15／9／24　天格16　人格24　地格33　外格25　總格48
人格：財源豐厚
地格：剛直果決
外格：英挺聰慧
總格：德高望重

（八）　1／15／10／7　天格16　人格25　地格17　外格8　總格32
人格：英挺聰慧
地格：權傾排難
外格：堅毅聰穎
總格：貴人相助

（九）　1／15／17／15　天格16　人格32　地格32　外格16　總格47
人格：貴人相助
地格：貴人相助
外格：德高望重
總格：豐收有成

（十）　1／15／9／23　天格16　人格24　地格32　外格24　總格47
人格：財源豐厚
地格：貴人相助
外格：財源豐厚
總格：豐收有成

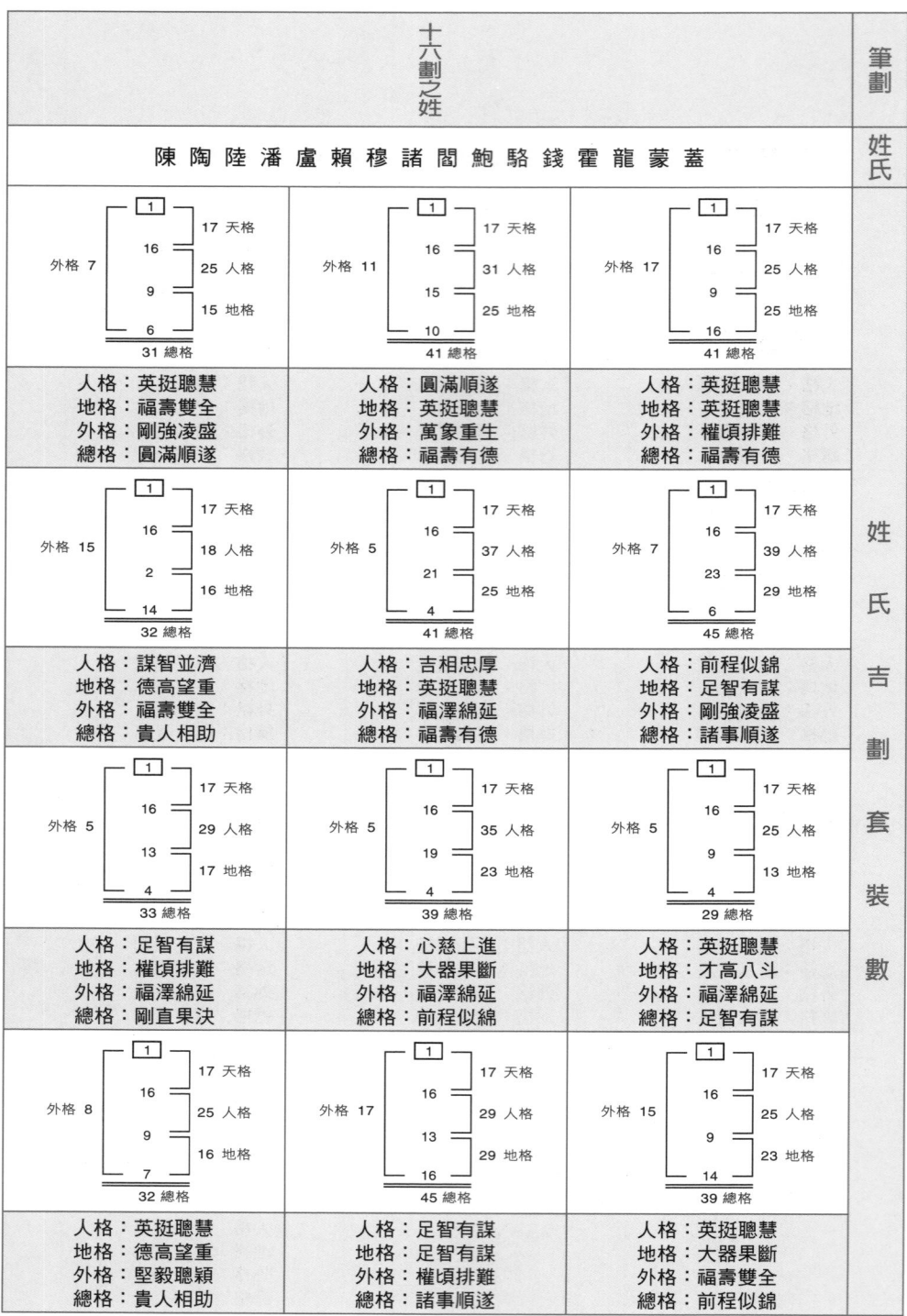

十六劃之姓

陳 陶 陸 潘 盧 賴 穆 諸 閻 鮑 駱 錢 霍 龍 蒙 蓋

1		17 天格
外格 7	16	25 人格
	9	15 地格
	6	
31 總格		

人格：英挺聰慧
地格：福壽雙全
外格：剛強凌盛
總格：圓滿順遂

1		17 天格
外格 11	16	31 人格
	15	25 地格
	10	
41 總格		

人格：圓滿順遂
地格：英挺聰慧
外格：萬象重生
總格：福壽有德

1		17 天格
外格 17	16	25 人格
	9	25 地格
	16	
41 總格		

人格：英挺聰慧
地格：英挺聰慧
外格：權傾排難
總格：福壽有德

1		17 天格
外格 15	16	18 人格
	2	16 地格
	14	
32 總格		

人格：謀智並濟
地格：德高望重
外格：福壽雙全
總格：貴人相助

1		17 天格
外格 5	16	37 人格
	21	25 地格
	4	
41 總格		

人格：吉相忠厚
地格：英挺聰慧
外格：福澤綿延
總格：福壽有德

1		17 天格
外格 7	16	39 人格
	23	29 地格
	6	
45 總格		

人格：前程似錦
地格：足智有謀
外格：剛強凌盛
總格：諸事順遂

1		17 天格
外格 5	16	29 人格
	13	17 地格
	4	
33 總格		

人格：足智有謀
地格：權傾排難
外格：福澤綿延
總格：剛直果決

1		17 天格
外格 5	16	35 人格
	19	23 地格
	4	
39 總格		

人格：心慈上進
地格：大器果斷
外格：福澤綿延
總格：前程似綿

1		17 天格
外格 5	16	25 人格
	9	13 地格
	4	
29 總格		

人格：英挺聰慧
地格：才高八斗
外格：福澤綿延
總格：足智有謀

1		17 天格
外格 8	16	25 人格
	9	16 地格
	7	
32 總格		

人格：英挺聰慧
地格：德高望重
外格：堅毅聰穎
總格：貴人相助

1		17 天格
外格 17	16	29 人格
	13	29 地格
	16	
45 總格		

人格：足智有謀
地格：足智有謀
外格：權傾排難
總格：諸事順遂

1		17 天格
外格 15	16	25 人格
	9	23 地格
	14	
39 總格		

人格：英挺聰慧
地格：大器果斷
外格：福壽雙全
總格：前程似錦

十七劃之姓

蔣 蔚 鄒 蔡 謝 韓 陽 應 館 隆 鐘 樓

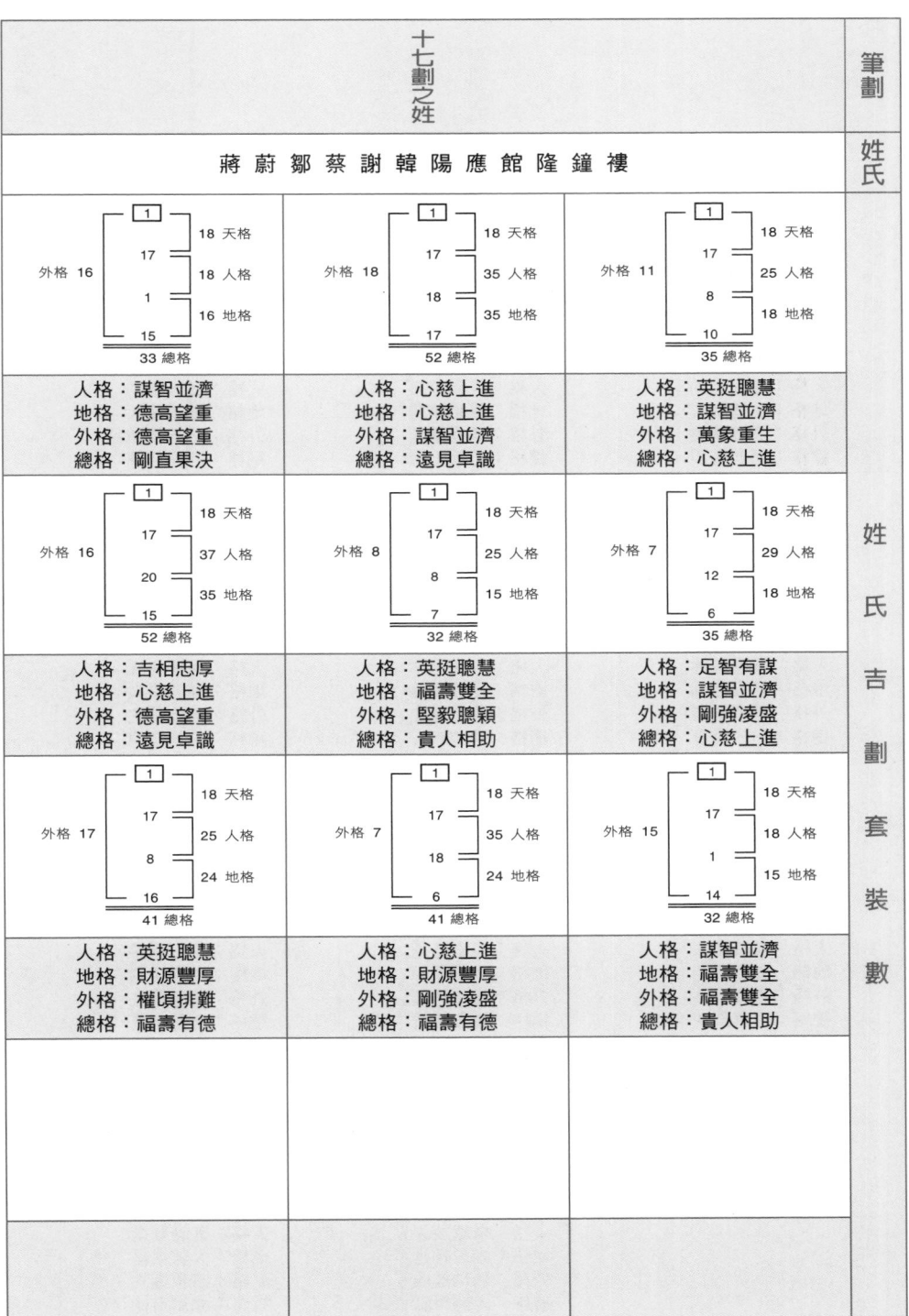

人格：謀智並濟
地格：德高望重
外格：德高望重
總格：剛直果決

人格：心慈上進
地格：心慈上進
外格：謀智並濟
總格：遠見卓識

人格：英挺聰慧
地格：謀智並濟
外格：萬象重生
總格：心慈上進

人格：吉相忠厚
地格：心慈上進
外格：德高望重
總格：遠見卓識

人格：英挺聰慧
地格：福壽雙全
外格：堅毅聰穎
總格：貴人相助

人格：足智有謀
地格：謀智並濟
外格：剛強凌盛
總格：心慈上進

人格：英挺聰慧
地格：財源豐厚
外格：權頃排難
總格：福壽有德

人格：心慈上進
地格：財源豐厚
外格：剛強凌盛
總格：福壽有德

人格：謀智並濟
地格：福壽雙全
外格：福壽雙全
總格：貴人相助

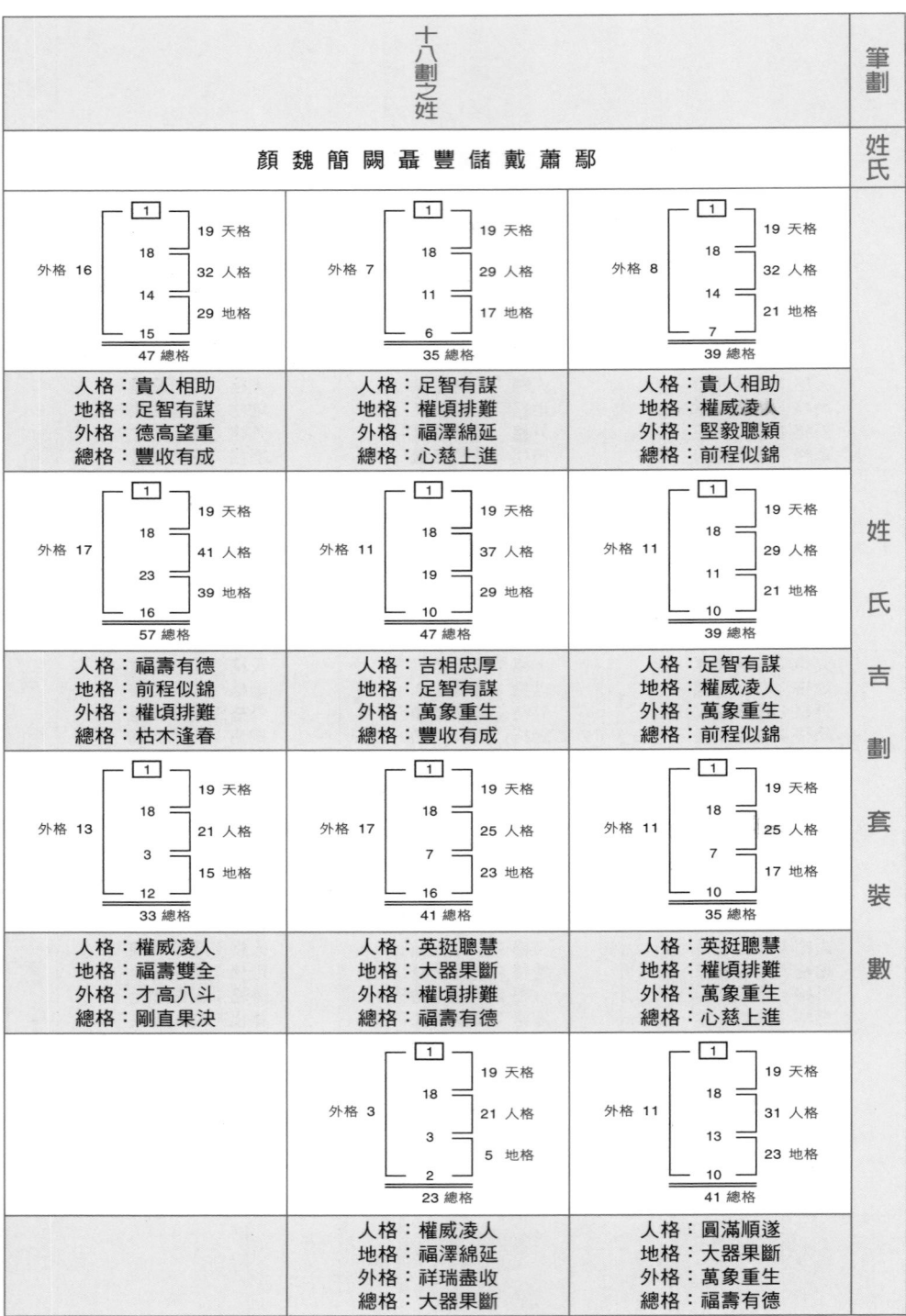

十八劃之姓

顏 魏 簡 闕 聶 豐 儲 戴 蕭 鄢

外格 16	1 / 18 / 14 / 15 — 19 天格 / 32 人格 / 29 地格 / 47 總格
人格：貴人相助 地格：足智有謀 外格：德高望重 總格：豐收有成	

外格 7	1 / 18 / 11 / 6 — 19 天格 / 29 人格 / 17 地格 / 35 總格
人格：足智有謀 地格：權傾排難 外格：福澤綿延 總格：心慈上進	

外格 8	1 / 18 / 14 / 7 — 19 天格 / 32 人格 / 21 地格 / 39 總格
人格：貴人相助 地格：權威凌人 外格：堅毅聰穎 總格：前程似錦	

外格 17	1 / 18 / 23 / 16 — 19 天格 / 41 人格 / 39 地格 / 57 總格
人格：福壽有德 地格：前程似錦 外格：權傾排難 總格：枯木逢春	

外格 11	1 / 18 / 19 / 10 — 19 天格 / 37 人格 / 29 地格 / 47 總格
人格：吉相忠厚 地格：足智有謀 外格：萬象重生 總格：豐收有成	

外格 11	1 / 18 / 11 / 10 — 19 天格 / 29 人格 / 21 地格 / 39 總格
人格：足智有謀 地格：權威凌人 外格：萬象重生 總格：前程似錦	

外格 13	1 / 18 / 3 / 12 — 19 天格 / 21 人格 / 15 地格 / 33 總格
人格：權威凌人 地格：福壽雙全 外格：才高八斗 總格：剛直果決	

外格 17	1 / 18 / 7 / 16 — 19 天格 / 25 人格 / 23 地格 / 41 總格
人格：英挺聰慧 地格：大器果斷 外格：權傾排難 總格：福壽有德	

外格 11	1 / 18 / 7 / 10 — 19 天格 / 25 人格 / 17 地格 / 35 總格
人格：英挺聰慧 地格：權傾排難 外格：萬象重生 總格：心慈上進	

外格 3	1 / 18 / 3 / 2 — 19 天格 / 21 人格 / 5 地格 / 23 總格
人格：權威凌人 地格：福澤綿延 外格：祥瑞盡收 總格：大器果斷	

外格 11	1 / 18 / 13 / 10 — 19 天格 / 31 人格 / 23 地格 / 41 總格
人格：圓滿順遂 地格：大器果斷 外格：萬象重生 總格：福壽有德	

十九劃之姓

鄭 鄧 薛 關 龐 薄 譚

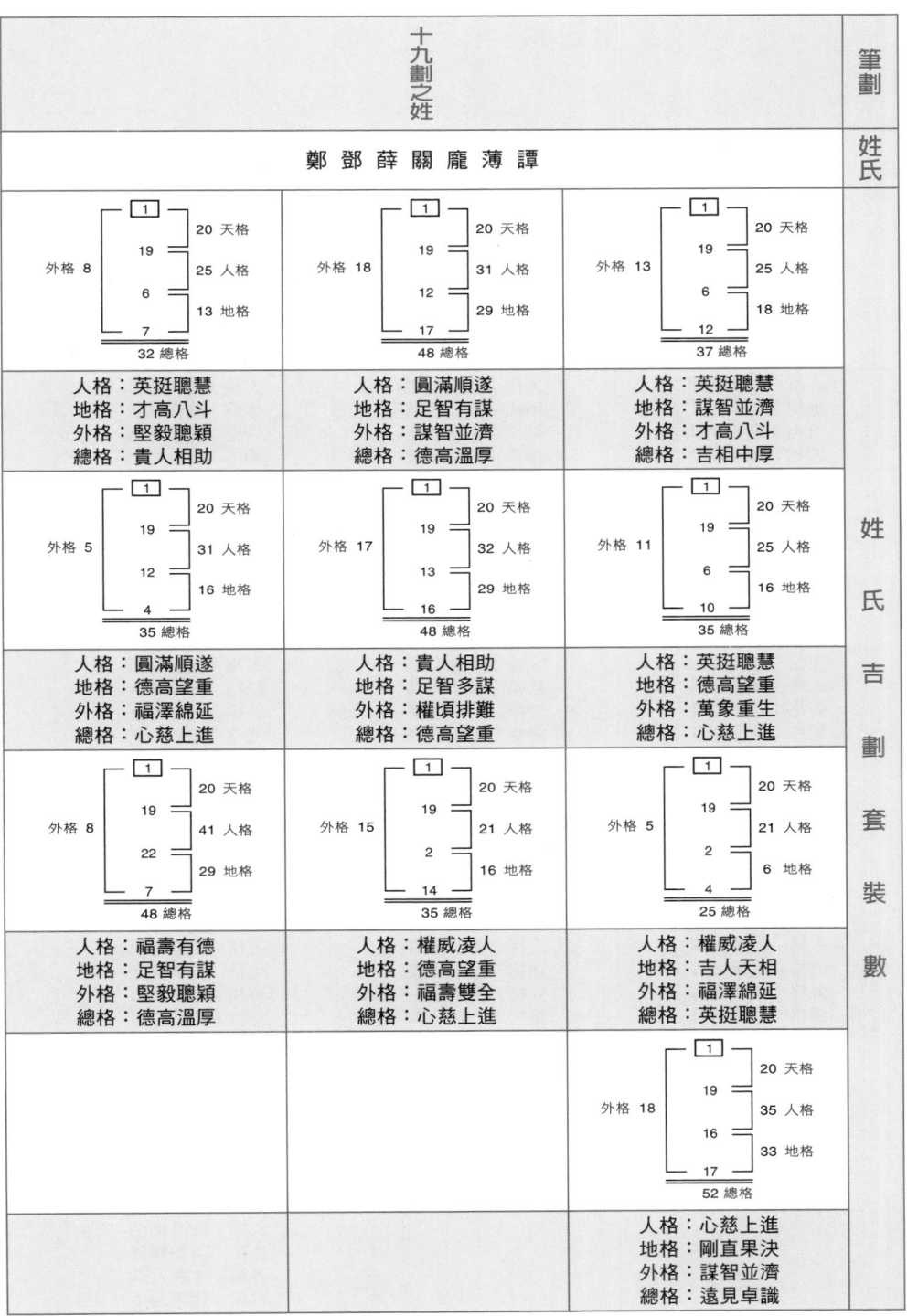

	人格：英挺聰慧 地格：才高八斗 外格：堅毅聰穎 總格：貴人相助	人格：圓滿順遂 地格：足智有謀 外格：謀智並濟 總格：德高溫厚	人格：英挺聰慧 地格：謀智並濟 外格：才高八斗 總格：吉相中厚
	人格：圓滿順遂 地格：德高望重 外格：福澤綿延 總格：心慈上進	人格：貴人相助 地格：足智多謀 外格：權傾排難 總格：德高望重	人格：英挺聰慧 地格：德高望重 外格：萬象重生 總格：心慈上進
	人格：福壽有德 地格：足智有謀 外格：堅毅聰穎 總格：德高溫厚	人格：權威凌人 地格：德高望重 外格：福壽雙全 總格：心慈上進	人格：權威凌人 地格：吉人天相 外格：福澤綿延 總格：英挺聰慧
			人格：心慈上進 地格：剛直果決 外格：謀智並濟 總格：遠見卓識

廿劃之姓

嚴 鐘 釋 寶 羅 藍 藏 獻 籃

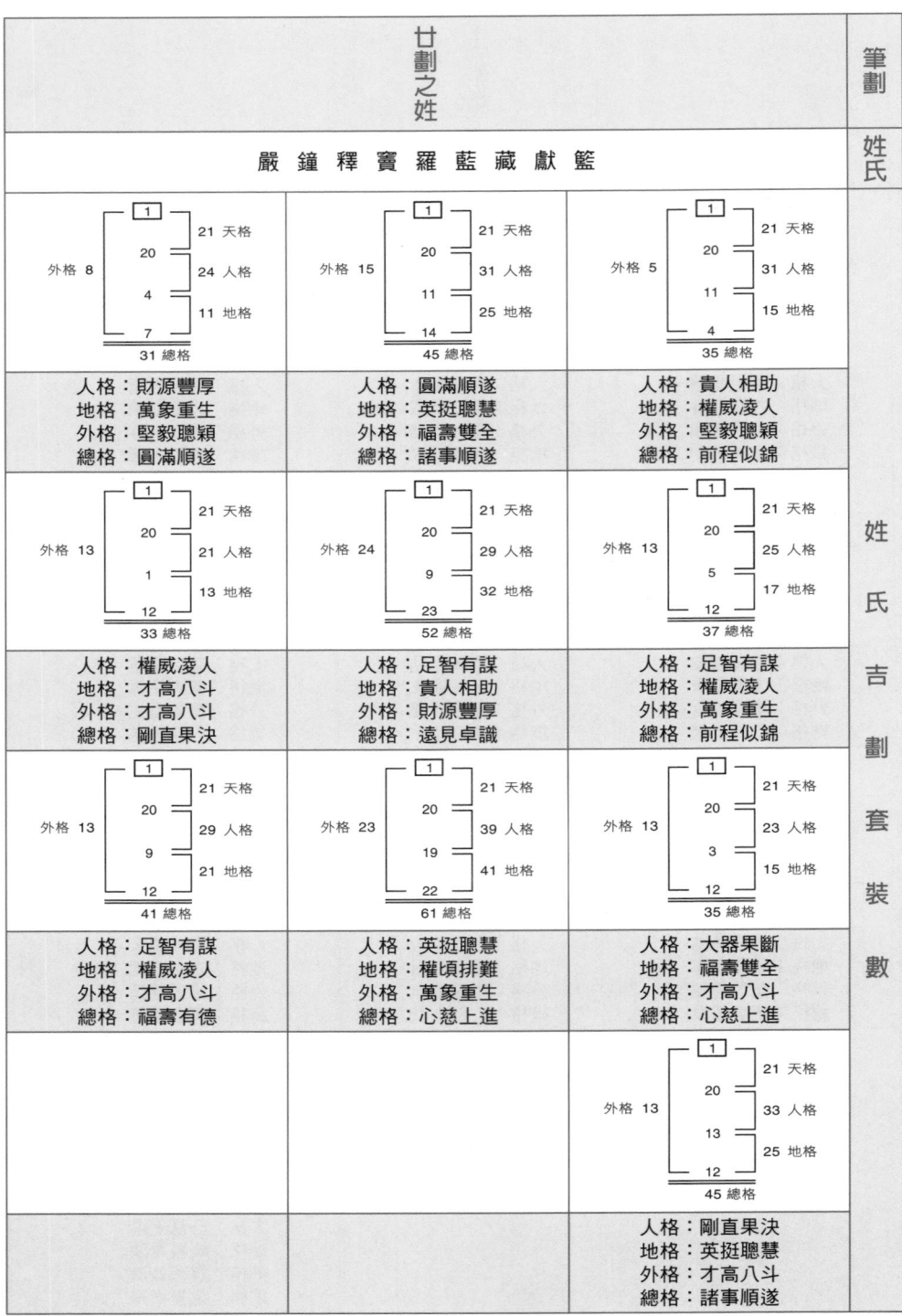

外格 8 1 20 → 21 天格 → 24 人格 4 → 11 地格 7 31 總格	外格 15 1 20 → 21 天格 → 31 人格 11 → 25 地格 14 45 總格	外格 5 1 20 → 21 天格 → 31 人格 11 → 15 地格 4 35 總格
人格：財源豐厚 地格：萬象重生 外格：堅毅聰穎 總格：圓滿順遂	人格：圓滿順遂 地格：英挺聰慧 外格：福壽雙全 總格：諸事順遂	人格：貴人相助 地格：權威凌人 外格：堅毅聰穎 總格：前程似錦
外格 13 1 20 → 21 天格 → 21 人格 1 → 13 地格 12 33 總格	外格 24 1 20 → 21 天格 → 29 人格 9 → 32 地格 23 52 總格	外格 13 1 20 → 21 天格 → 25 人格 5 → 17 地格 12 37 總格
人格：權威凌人 地格：才高八斗 外格：才高八斗 總格：剛直果決	人格：足智有謀 地格：貴人相助 外格：財源豐厚 總格：遠見卓識	人格：足智有謀 地格：權威凌人 外格：萬象重生 總格：前程似錦
外格 13 1 20 → 21 天格 → 29 人格 9 → 21 地格 12 41 總格	外格 23 1 20 → 21 天格 → 39 人格 19 → 41 地格 22 61 總格	外格 13 1 20 → 21 天格 → 23 人格 3 → 15 地格 12 35 總格
人格：足智有謀 地格：權威凌人 外格：才高八斗 總格：福壽有德	人格：英挺聰慧 地格：權傾排難 外格：萬象重生 總格：心慈上進	人格：大器果斷 地格：福壽雙全 外格：才高八斗 總格：心慈上進
		外格 13 1 20 → 21 天格 → 33 人格 13 → 25 地格 12 45 總格
		人格：剛直果決 地格：英挺聰慧 外格：才高八斗 總格：諸事順遂

廿一劃之姓

顧　瓏　饒

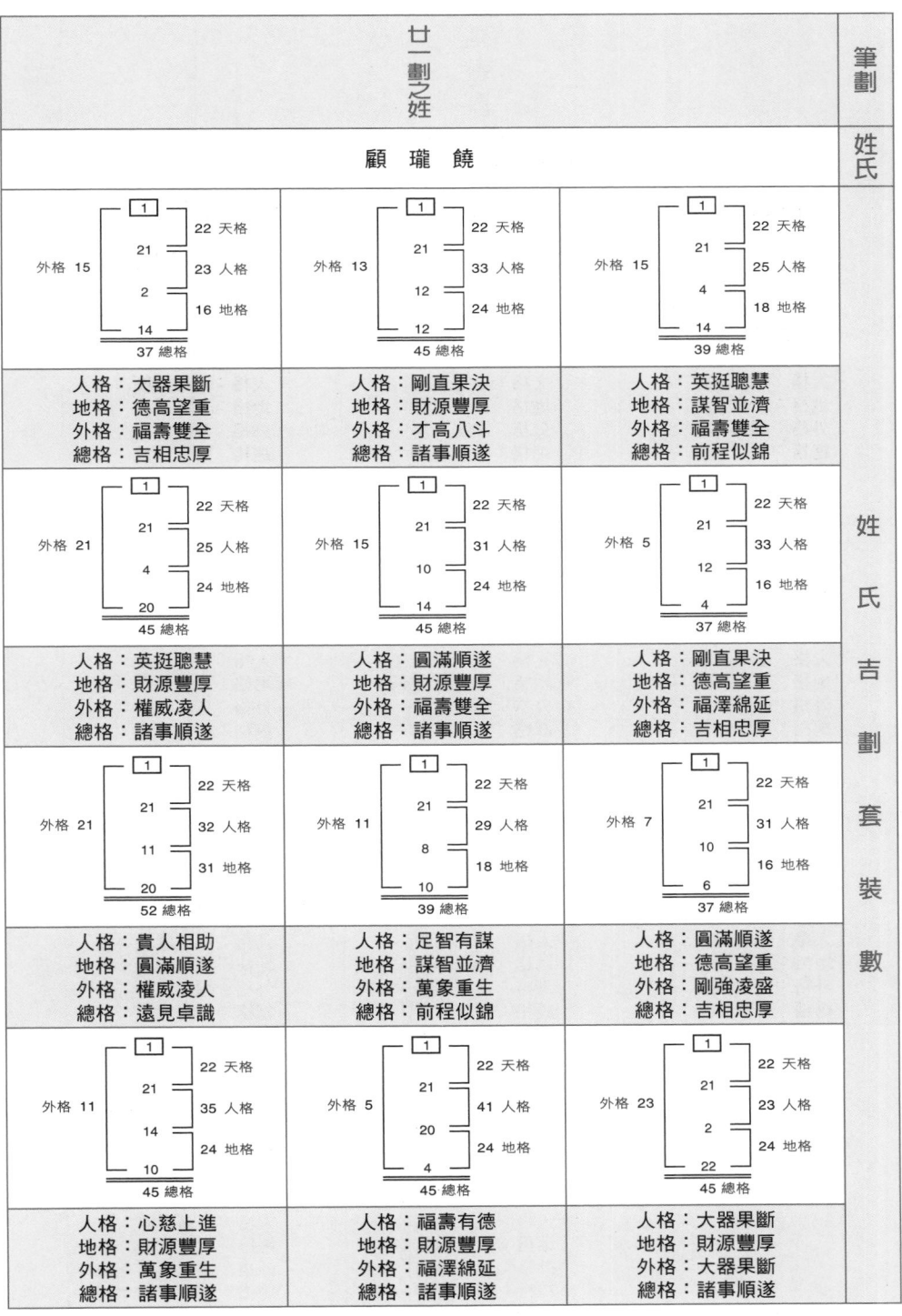

外格 15　21／2／14　22 天格／23 人格／16 地格　37 總格	外格 13　21／12／12　22 天格／33 人格／24 地格　45 總格	外格 15　21／4／14　22 天格／25 人格／18 地格　39 總格
人格：大器果斷 地格：德高望重 外格：福壽雙全 總格：吉相忠厚	人格：剛直果決 地格：財源豐厚 外格：才高八斗 總格：諸事順遂	人格：英挺聰慧 地格：謀智並濟 外格：福壽雙全 總格：前程似錦
外格 21　21／4／20　22 天格／25 人格／24 地格　45 總格	外格 15　21／10／14　22 天格／31 人格／24 地格　45 總格	外格 5　21／12／4　22 天格／33 人格／16 地格　37 總格
人格：英挺聰慧 地格：財源豐厚 外格：權威凌人 總格：諸事順遂	人格：圓滿順遂 地格：財源豐厚 外格：福壽雙全 總格：諸事順遂	人格：剛直果決 地格：德高望重 外格：福澤綿延 總格：吉相忠厚
外格 21　21／11／20　22 天格／32 人格／31 地格　52 總格	外格 11　21／8／10　22 天格／29 人格／18 地格　39 總格	外格 7　21／10／6　22 天格／31 人格／16 地格　37 總格
人格：貴人相助 地格：圓滿順遂 外格：權威凌人 總格：遠見卓識	人格：足智有謀 地格：謀智並濟 外格：萬象重生 總格：前程似錦	人格：圓滿順遂 地格：德高望重 外格：剛強凌盛 總格：吉相忠厚
外格 11　21／14／10　22 天格／35 人格／24 地格　45 總格	外格 5　21／20／4　22 天格／41 人格／24 地格　45 總格	外格 23　21／2／22　22 天格／23 人格／24 地格　45 總格
人格：心慈上進 地格：財源豐厚 外格：萬象重生 總格：諸事順遂	人格：福壽有德 地格：財源豐厚 外格：福澤綿延 總格：諸事順遂	人格：大器果斷 地格：財源豐厚 外格：大器果斷 總格：諸事順遂

廿二劃之姓

邊　蘇　龔　權　藺　酈

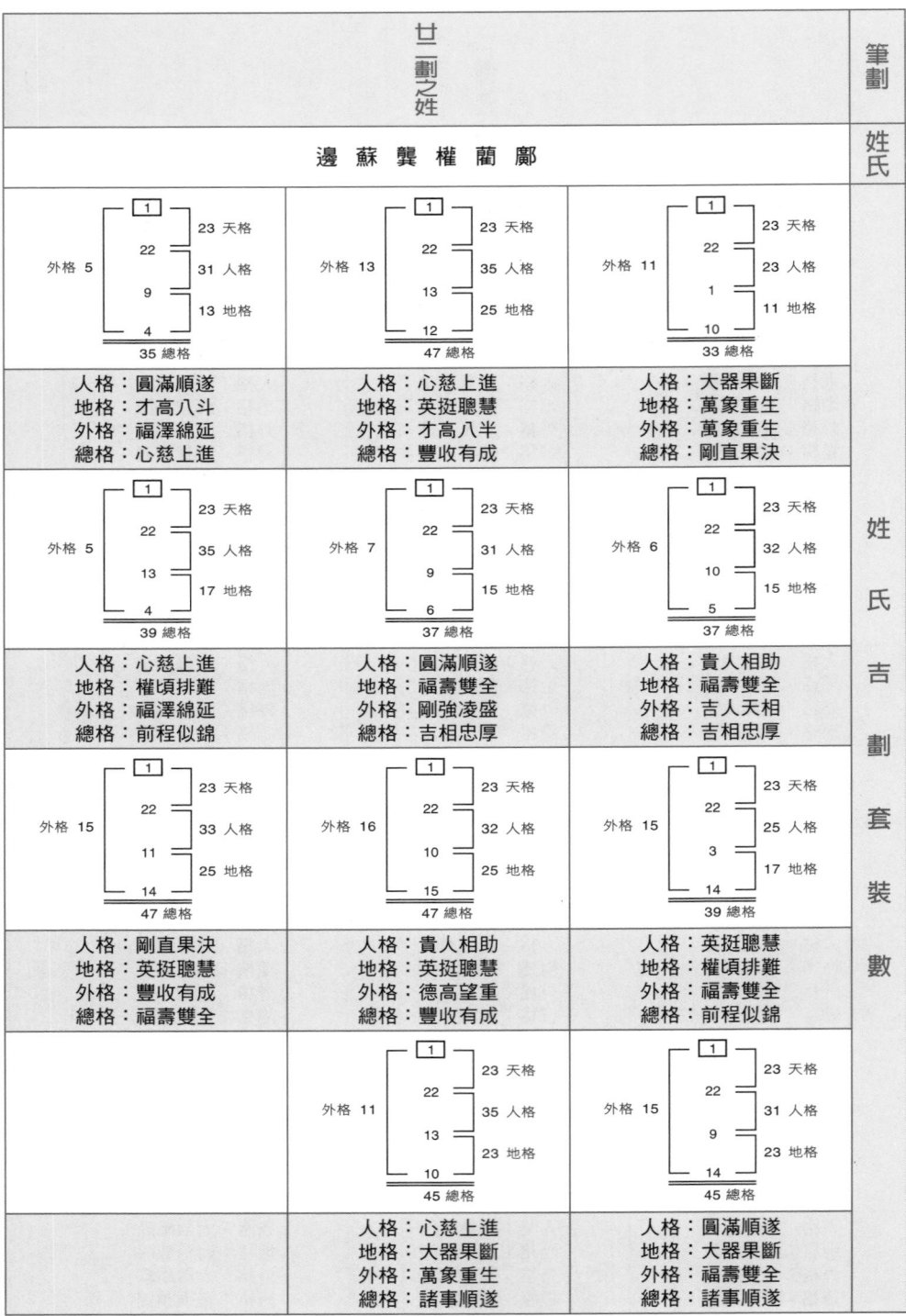

外格 5 1 22 9 4 23 天格　31 人格　13 地格 35 總格	外格 13 1 22 13 12 23 天格　35 人格　25 地格 47 總格	外格 11 1 22 1 10 23 天格　23 人格　11 地格 33 總格
人格：圓滿順遂 地格：才高八斗 外格：福澤綿延 總格：心慈上進	人格：心慈上進 地格：英挺聰慧 外格：才高八半 總格：豐收有成	人格：大器果斷 地格：萬象重生 外格：萬象重生 總格：剛直果決
外格 5 1 22 13 4 23 天格　35 人格　17 地格 39 總格	外格 7 1 22 9 6 23 天格　31 人格　15 地格 37 總格	外格 6 1 22 10 5 23 天格　32 人格　15 地格 37 總格
人格：心慈上進 地格：權傾排難 外格：福澤綿延 總格：前程似錦	人格：圓滿順遂 地格：福壽雙全 外格：剛強凌盛 總格：吉相忠厚	人格：貴人相助 地格：福壽雙全 外格：吉人天相 總格：吉相忠厚
外格 15 1 22 11 14 23 天格　33 人格　25 地格 47 總格	外格 16 1 22 10 15 23 天格　32 人格　25 地格 47 總格	外格 15 1 22 3 14 23 天格　25 人格　17 地格 39 總格
人格：剛直果決 地格：英挺聰慧 外格：豐收有成 總格：福壽雙全	人格：貴人相助 地格：英挺聰慧 外格：德高望重 總格：豐收有成	人格：英挺聰慧 地格：權傾排難 外格：福壽雙全 總格：前程似錦
	外格 11 1 22 13 10 23 天格　35 人格　23 地格 45 總格	外格 15 1 22 9 14 23 天格　31 人格　23 地格 45 總格
	人格：心慈上進 地格：大器果斷 外格：萬象重生 總格：諸事順遂	人格：圓滿順遂 地格：大器果斷 外格：福壽雙全 總格：諸事順遂

第十三章

精選康熙字典五行分類大全

中國文字上萬個，光從文字你能分辨每個字義中蘊藏的五行？透過此章節，你將毋需煩惱，本章節歸納出每個字的五行屬性，依照筆劃的排列順序分類，讓你取名能更快上手。

二劃

不分類	水	金	土	火	木
乃了人入力匕卜又几		刀		丁二	

一劃

不分類	水	金	土	火	木
	一				乙

四劃

不分類	水	金	土	火	木
父少尤幻尹引弔戶屯巴尺夬牙手止比毛戈片气斤氏爪欠丐丰仄兮凶厄歹夭　不之支斗予云元互井方文卞仁化仇仍什允內介今公勿勾匹升友及反天夫	壬孔水	切分	丑牛犬中	午太心日曰月火仃丹	木四

三劃

不分類	水	金	土	火	木
久也于亡凡千丈口士夕大女小工巾干弓寸下上勺才丸	子川	刃	土山已己	巳丁	乞三

六劃

土	火	木
圮圬圩均地吐在庄至圭寺戍戌牟羊老考妃妁屼丟仵伏再异艮全匡仲六	光臾旱旨旭旬行打灯灰伙伃佣刪有刑	朽朴朹朷朵竹休米朱吃

五劃

不分類	多重屬性	水	金	土	火	木
正他代付仗仕以兄古占右台可句司史外央尼民巨目且皿冊左布市玄立穴它　平半弁弘弗必甘用甩疋皮矛矢失示刊幼奴奶斥氏令巧功加叶叫扎世丕母乏乎　卡囚夯夗朮尻宄	汀	冬北仔孕永	申白仞召叨	仙出戊未玉生田由石玉主去冉瓦丘五	丙宁叮叮包旦	甲卯禾本末札瓜卉

七劃

(左表)

多重屬性	水	金	土	火	木
汕 李 杍 杜 杞 氾 灶 忌 忍 玎 町 坍 坋 坎 岺 屺 孝	冶 冷 泛 江 汗 汝 汐 池 汎 汛 沄 沌 汧 汰 沁 尿 汞 孚 孛 吼 孜 廷 呈 妊 佟	伸 辛 酉 兌 伯 皂 貝 吩 邵 劭 七	谷 劫 改 廷 辰 佽 牢 佶 伭 角 牡 成 良 弄　坑 均 坊 圻 圾 坂 坻 坽 地 坒 走 岍 岐 岈 屺 岏 岊 岋 岌 岅 岉 岠 岮 妞 妌 吪	灼 灯 炊 災 炙 旰 旴 盯 旳 但 旱 盯 佇 疔 忘 志 忑 忒 吽 彤 車 刨 系 赤	杆 材 杉 村 杈 枚 枊 杠 杞 杇 杗 杒 囷 匣 秀 利 私 杏 体 束 余 亲 呆 宋 床

(右表)

不分類	多重屬性	水	金
因 回 吊 吁 吋 如 奸 妁 她 年 弛 聿 牝 舛 犯 扑 扔 乩 印 夸 尖 衣 危 吉 先　亦 充 兌 兆 劣 共 刎 刑 列 划 劦 各 合 向 后 名 夙 多 交 吏 更 宇 安 宅 州 帆 式 戎 收 曳 此 死 羽 而　耳 肉 自 白 血 舌 色 虫 企 伅 仿 伉 伋 伐 伎 优 伖 伧 伶 伀 价 伝 仰 伊 伕 曲 臣 匠 匜 匝 同 因	打 圳 圮 圯 屹 汀 冲	冰 次 迋 氿 汁 氾 亥 任 好 呼 孖 存 字 囝 汆 丞 舟	西 百 皀 份 忉

八劃

多重屬性	水	金	土	火	木
杻杵枉枛芋杲杳杰季私汻沁泪沙沏沖汾汪旺沐沓狍狚岬岶坦坤珊者忩忠盼	孥享乳函孤孟刻劾雨咚　洌洗洶汽汰沈沉沌沃汲汴洰泀泜汸沂泍泛沈泆沋泏沜汳決泚沒狂	庚金佰帕帛的呻姗扮初弨氛兎	块坵坽坡坪卦到社周玖玠珏廸忸扭狃狂厓矼狀劼垂忡八　佳侍侔佯佺往味妹姓妯宙宕岩岸峀岽岳岣岱峋岫岭屈疝岡幸麥坼坩坷坭坳	易昇旻昊卓昔扣門忓軋紅糾祀　炖炓炆炊炕炒炘炎炙明昕昀昐旺昄昽狄朋服肌肋侑侉佝忽念忈昏昆昂昌昇	采虎青昀侏　枘构枸杭枝杻松杷杯枚林析枑枋枕杼枒和竺秝兔委呷芳芄爺來果東秉

不分類

位佑佚何估佐作佔你佣伺佖佈佝佛伶伻佈佝伭伽佽佌姒妓妗妨妞妍妤妣妊	妖妝妥忏忙忖我戒攻更步甫見言足豆身各劼即托扛邑串亨君吾否含吞	呂克兵刪判刞別告吟吭吸吹吵吻呐呀吱吧坚巫罕希宏完局尾屁庇序延努弟	形灸役彷甸每夷夾佘囤圂地矣壯尬求究

九劃

水	金	土	火	木
姿咨癸泳沿河況治波泫泯泠渗浺洮泄泛沸沾泣決泙泇泓泖俘斿勃孩咳泰	酋皆哂飯拍怕庳拐招盼盆契	玞型室牲拓抽很徉庠姥狨牲俗卻辰俚赳赴重怯怪盅食哉姜美表　垠垵垟垌垗垞垢城垝封奎垚娃峙峒峻砂砒砏研畈毗昀禹畏界玟玩玫玨　担姮春匽昱是冒昚徇訇軍抱巷炰為九	炸炬炯炳炫炟炱昳昨肘肛軌紂約紉紅恓恻亭亮音南宣急怠怨怎呾	柯柑枸枯柝柳柿相柙枰枊枒枑柟柔架某保俐科秒秕竽竿芊芎芏芃

不分類

使侹侗侽佻佩例伽侔佶依佼侃供征彼彿徂姒妫炫姗妳姑姊姐始妖扰技扙折扶

承奇奈奔奉卷取叔受爭兒兩其具典刷刺刮剎剋効協忓非亞乖呢呼呵咖歧殃㟃

宛宓宜官定宗空帘穹店府疚尚居罔固房爰帑弩或知命侖舍長阜奅武盂並些事

抒扱扳批扼抉把抑抓找抄抖扯物牧犽衦衲放扵版所臥帖弦盲直妻妾卒夜

爬爸祁京劫居政制快忱怓忸忪忿斧奮卑弧

十劃

多重屬性

酌柏柊柄桓
柚柘柚柱栩查秋种
籽芷芎芋香染法注泥
洲洳油泡沐洼洧泫沫
泊沼衍

不分類

厚星眛肚紀皰皇肐炭峘峋峻垓垜垺玶玝玸研炤昭紉思昶舢

帝幽度建彥施段帥甚眈看省眉盾奕冠宦突奐耐卸缸虹耍要計訐貞負面革

拔拖拗抨抬祈袗姻姚姣姨哄咬咱咽咿後律徊剋韋狐則勁勇哿品疫疤客爱

徠俋俄俙俠侵信俊促便侶俟侮俍恬怡怜恂快怦忱拈拇抵拘拂拉拌拒

風飛首羿禹盈勉耶頁扁叛恕哀奏歪氤矜故尪咸威屏

木

桉校株栱格桃桐栩秫秤租秩秘秧笈笑笏笄芽芥芹花芫芨芋芷芸芡芮芭苓冤柴

臬案桑栗枲秦書料氣紙倈倩徐挖殊桔芝

火

烜焓烙烔炘烘朕股肱肺肥肪肢胝軒馬烏倡倓借倬們夏宵晏曆疸病恩恕恐

恥指晉晃晁殉烈耽捐哨肴育肩骨閃恂恍剔剗紜級紘紗納純紡紕紙紓

紊索冥

土

埋垽垸埔袁峨峽峻峪崂豈島剛砧砥破砧奢畔畝玻珧珣珏玲珂珉珊珍耄

迆訕記祐祟特持拷致殺倔倒俵個倖徒娉娠娌娘狠恨唇辱宸座哭邛氧鬥隼隻容

差鬼缺

第十三章◎精選康熙字典五行分類大全

十一劃

金	水	多重屬性	不分類	木	火
釧神酌針釜原釘釦釩宰	活洪洲津洗洞洵洽洁流派洛洌泇洺浇洮浹沘洔航舫般祍庭㾕剝拯家	釘配栓核桎桂根桃桓栖桁框芯芺苊荳桌粉凌凋凍准悆粢洙洵洐洸洼洴　洋洧烓烊烤紅紐紛垙垾崁珋珀恚浮孫栽耆時恙羔砲留起素芬	翅乘拳拿迂迅姬晢害匪恰圇奚套娛娣娩爹站舀拮娥奘唔耘耕耗耙　展師席疲疵疹疾弱恭扇員貢真高旁衰殷翁眠眈耽虔蚊蚌矩裒狡狩豺豹　衲袼拾括挩按挑防訓訊託討哼唏唆徑益盎效旅兼宮窘窈剖射躬哥唐倉　倚倨俱候倥俾倆個健倦倘倪值俳倍俸倜倫恂恓恬恪祐祠祝祖祚祕袚袗衿	寅彬梧梳梭械梗栖桍梯梅桶梛秸笱第笨笭符笠苓茄茚茉茛苿笠苽苑苔苦　苛若苦苲茅苹梨梟巢梵婪彩彪粘粗粒絛麻聊偌匾瓠敕敘斜	烽煥焐晗晚晦胘胖胎胞袍停偽偷得焱娼婷婚勖勗匙唱庶悠悠患烹煮焉　烏晢曹晝竟章胥胤靪飣頂許胡蛇紺絃紫斬軟捐捍悍悄悁盍問閉術將敉

十二劃

木	不分類	多重屬性	水	金	土
森棋棧植棵棟棒棲梧棕椅梃掬採探稀笭筇策筷筮筆筏筘茲荒茸茶茉茹荔荊 茗茵栗粥媒婼喏棠棐棨棄棗傑巽廂竦猜情睏疎躰粵	眺貫敔庵悟票救毬婢 蛉聆翌裟袋貪覓規近迎返逢阡那邢郁邱祁邦邪勒眾狹狠敏卿夠甜盒罣 挽帳張強勘區參商國圖圈區寄寂寇窕窋康庸庹麼爽率常彗戚毫眷翊翎蚱 健側偵偉假偏做從徛御悌悛婦娸娶設訪訟訣狹啟敨欶族啄捕捅挨挾捉	累胃背矜乾焌焰偲偢晟晨玝終望剪 舶缽 浴浪涑況消涓淼梁婄細紬絓絳胛捏珠珛埮埤埕堨墣堷堹教崞崎崺崑崒硃 鈯鈕釧鳳桴棒梓棍根稆桯梃棬桫棓桯梣梠棖梐梨黍粕茂茆苧苣范笛笙堃瓷涔涂浬	浩浚涉浮浦涌浜涔浞流涓涇浸浠浗浬涇涅浿海浙涎舷舸船舲雪魚悖哼琮執婆	悅釣釦釭鈦鈒釱釵釩釺偕宿皎兜習酖酗貨販	唯帷斛彫瓶狼畢蚯 堂密窒崟崔崗崙崖崇眸眼睚祥袖悝赦牽旌羚羝圉羞痕責振婞婊婢蚨欲 崝埏堎堐埠堆堀埴埼域堃崆崛崢崚珮珧珞珥玹珢琲珽班硨畦畧野偶動異基堅執

屬性	字
火	焱焙焺焯欻焮焜焰晶晬脈胴胭脂脇胯胰胱胳胸胼勝期朝脅脊能軫軻軼馭掞措 掉悼惔惕惜間閒悶開閔閎景最智普曾替覃貯復邴喧喑喃毯婿婷媗婻媮猖勞絢 絖絧絩絞給絲統絡結絨絳絮惠悲惑惡甯痣跑喨喻喝散無
土	堸堪堠嵃崿嵎嵋硬硯硫珺現理琉琋珼琅球斑凱剴善單堯報堡童黃嵐嵂崺嵌傀 幄幅掘推捶捱掛畫富甦甥蛙越趁翔羢雄雅雁雇犀犇嵒盛註喂喔喘裁悻惆惟寓 瓻迪掏邱
金	欽鈞鈔鈦鈧鈣鈒鈍鈉鈐鈁鈃鈜酤酣酢奠尊皖皓弼迫辜掰邵詔貂軔貴喫
水	寒淪涪涴淌淀淵淳涼淨淹淺淇淙添淬涵涿淒淤淑涮盜淼邶雯雲雱孱猛犉惇敦 象詠順黑傢
多重屬性	鈕鈥鈊鈤酥棉椁椎棱棣棹棍棚棼番稅程稃稂稍悸筍茜茨荏荄荐莞草荇茥茯筐 等筌筋焚粧粞釉晰喵啾喳馮淦淶清淩混淎淞淅淘深淋淡淖淆淄淮涯粢淓淽淚 雰絕絓晴量崽堰堷堙場堤堬崳軸軺硨硝琇奢屠徨犂集焦閑閏珽街超然絜觚暑
不分類	備傅傍偏循悰惋悽捲掃捨授捷捧掠掂接控掙拼排掀掌阪阱阮防邰邸袴視幀幃 詒証評詞訴詐診喭啼喉喙喚喪媛媚割創裂博喬窘窗窖尋幾庾廁痛痞痘痠扉虛 敢敞斐斯欺疏欿登發短竣舜舒翕蛩蛤蛟貼貽買賀費勛圍項須殘殖跚迥迭斌剩 就屢貶跌跋跛距喜壺壹款殼彭喆貳猝述喊帽貿廊

十三劃

多重屬性		水	金	土	火	木
琜琰琨署琳硼碌嗜惺猩閒愚想載馴觥解惺揹傜媱綷粮豚業嗦嫊資載脞羨脫渭	渴渼港湯湟湜渝滑渠裟匯雹煥煌煤煃煨綎堃焠輇塑塗塔堁堔琳琛	愀蕃莫莘莕莎荻莛蕙筬梁描渃湫渫湘湣涼渟湳渼渥渾渣渚湍渲渾渥	鉀鈢鉌鉋鉬鈿鈺鉆鉎楷楠楊楑楸福楟楂楦椿榆稚稠稗楔楎楜稑稜稔	游測湊湛渡湃渺湄渤渙湋渢湲溲淛漉溉湲艇蜒零該聖鉦戣揆祿嫁	鈸頌鉑鉬鈹鉿鉈鉎鉑鈮鉞鉚鉅鋠鈷鉊鉛鉉鈇鉦鈴鉓鉤鉏酮酪酩酬猶迺賈	塙塝塔塊塘塚塢塡塩嵯嵫嵣碔碇碑碗碎碉碘碰琮琦琲琪琱琢琤琬琶琵
			猴蜕	跟睦舅惴聘睪退雉劇嗅	嗎媽媼賄較幹愛衙綠雷電	馳鳩幌歆歇嗄廈痰偉傷傯脩惲惰愉揮揚提揭揾揥經絹綈綁綏嗦蛸郁盟亶嗯
				琴畸婉詩詳詮誠僅催勤勢圍當虜窟農裡裏塞蠶微媺媵裕群羴雋雌雍義握揣猥		煁煇煥煬煜煩煖煒暇暄暗暖暐脛睒睎慈意愈感愍暈會煦煎嬰嫛詢詣
						茶莉莠莞莓荷莖莊莧荁苢苿敬筮筑楚揀揉楪躲靖邾誅矮號奧新筱筷筵節
						榙楸楝楞楣楩椹極楗楪榷楫榱椳椸楷楮楅榡楓椰禁楳嫰稟勦勤嗓睬睛睞彙粲粳迷

十四劃

不分類	木	火	土	金
傲 傾 僬 傳 僃 惱 惻 愕 恓 � 恬 傍 祺 補 裙 插 換 揍 援 誇 試 話 跳 路 跡 跨 跤 跪 蜂 蛾 蛹 蜈	夢 榛 槁 塘 榑 槤 榨 榜 榧 槍 榭 槌 寨 槃 槔 華 菊 菜 菸 菩 菜 菔 菇 菸 萃 菌 菴 菀 菁 萱	熇 熅 熄 熀 熄 腑 脹 腔 腕 軺 輕 輔 輅 駅 駁 媛 嫜 嫣 褌 裰 褙 寧 僧 僭 僚 幛 慢 彰 陋 熒	搞 裹 逛 限 廛 搓 對 翟 奬 劃 奪 福 睡 嘩 誏 嘖 墤 墉 堇 墊 壿 墺 崛 碩 瑠 瑗 瑋 瑀 瑣 瑟 瑞 端 愧 愷 獄 褘 僖 僥 僮 催 誺 賑 魁 魂 郝 赫	齊 銑 銑 銇 銍 鉋 銛 鉻 銘 鉿 銅 銨 銚 銦 鉹 鉐 鋁 鉻 銛 鉳 銧 鉺 鉷 鑒 鉩 酷 醻 酸 說 陌 禊 貌 寡

十五劃

水	多重屬性	不分類	木	火
溢溫溪滄滇溏潫潯溚漭滂滋淪艋陝詩郭偋廓需瞇郳逞搬像逐豪	鋅鋮鋒鋙銖鋗鉻銑鋃鋐鐒銀鋊醇醋暢愿辣認韶樧樣梶概橚楮榎榰槐榴	兢竤匱團圖爾監幣弊舞疑嘆窩臧裳製頦領飴飼罪置嘉壽臺翠翡誨語誕	檩樺椿樛椷槁樨槼梠椐橼樓樅概積稻穀糇睇葡蒂葉葺葳萬萼葷葬葎箴葆	檩樺椿樛椷槁樨槼梠椐橼樓樅概積稻穀糇睇葡蒂葉葺葳萬萼葷葬葎箴葆

不分類	多重屬性	水	金	土
蹄踐踧嘯噓噘嘻喧噗訇齒圜瞎躬靠髮麵頡餒噴導 敿敷數毆歐欸皺盤寬窮養賢質賦賠部院陝鞍鞏廝廚廢瘡瘦豎翰頦翩颳 儉傻惆慵慷慘慨摑摘撒摔襏褍諏諒誼燈嬌嬸蝦蝎蝙蝕餌餃劍剝	嶙嶕嶔瑪璟瑤瑧碟碼瑪羯羬駊褚都靗駎審衝幡憔蝗漢 篆篆箭糈糊摸凜漳滸馮漾漬洸埕潔溜漆連漸漱漿槳霖霖震霄魯 檉橄槽模槤槧樂槃稽稷葵莴葦葱萱萩募蕈葫葯董蓳萬落萉屬嬌葱笙 銛銲銷銅銟鈇鋰鉛銀銝鋌鍊銹銅鉝鋬醇酥醐醃醒醚醢醸醋醞敦墇增墻墮墨嶒嶓嶙 漢漁漲滯滴滿漩滫潄漓滷漂漉溥溇漚漊漏魴鮫魶魷郭霆霈雲霉聯顙穎	廠價賜劈僻賣 銳錚鋤鋒鋪錡鋊鏉鋏錍鋁錒鍜錔錛鋽銇錂鉝鉻鋧錢鋹醯醉爽嬟摺慴碻晶	一ㄧˊ儀 調 誰 境墣壈壔墱墠壖壒墜嶢嶠嶺塒墮嶝碕礨僵魃魃巘摯獄犎犨嚾嘴嘰幢蝠晶瞇鬧週遬儋 塵摧趣趟慳懂陛陞騎毽魅嶔磐磊磋磌磹磐礄瑳瑱瑰璅璜嬉嬋嶢嶤廣

十六劃

多重屬性		水	金	土	火	木
憨縡墺壚壇壎壁璋璁璉嶼趙嶔諔諲磨冀辭糕默臻賭衡播儌踱違義	霍穌穌鮑螢燒燐燉熿燃憔鴨懟曉瞳曄膝槳槳駭驍輹輻緻縒繕繏謑謂曇	凝澄潯潺澌澈澎澍潩潑澐潤潏潚鮈鮋鮰儒遊學寬靠霈霆艙諮豫黔	錝鍉鍘錤錭鋼錦鋸錚錢錠錡鋽錞錸鋷鍆醒醍醐樽穗 鍊鋼錕鋯錢鋧錐鋰錩鋼錘錔錤錸鎁錳鍚錯鋿錗錄	嶢憧憚戰頹雕達遇圍壿嶙撓撞逼耨裕褪甌器餐 嶧嶬巆磝磧磚磬瑾璈璃璀璇璆龍徵奮盧疆踊踹陵陸陶陲郵墾壅壑墾	焱燜燗燆燇燀熺燈燎嫒嬝嬌曀暻輳輯輸駁駎駱罷憬憚惘憫憬慄憮撫 撮撤撈褵褲儔憙燕駕鴬鴕踶憙憨憑憩憊暉鄲緝績縊縑緲緔縍繁縣 膀膊辥誼論諟謁諝諭踰逾運媽閏閭閰餤螢縈衰暨塈鞘膏噯嚲勳麭	機橋橋橇樹橙樸橄檬橸 歷褫裕諾蓆衾蒼蒙蓁蓆蒜蒿蒡蓓蕕蔽蒟蒻郙篆 簑篩築篙糖穎頰陳餘蹂謀諜撰憐靛穎靜諫親整瓢

十七劃

不分類	木	火	土	金	水
僑償儔叡噋頓嬛嬬讓諷讕譏譔諳諦聯幨撕撲撥慍憍憒襑蹄踴鄘鄂鄣	檪檐櫎檢檣檟橚蘆蘇蘚黃蕕蔚蔘蔬蔭蔻蕈蓼蓧蓬薗簇篠簏簌篔糝糠糙麋	糜謙隸鞠鬅餧謎謊擎顆遞操懆懁懍瞵瞬	疑儑敦螯蟄覬瞳磄窿翼遠遘講蹉艱噎擊	鍵鋮鍗鍏鎮鏅鍹鍔鍚鍾鍵鍋鍐鐩鍬鍛錘鍘鍥鏊醞醋醞階褶購齋	澱澠澮濁濂澹澰潰濃澪澀濆澧澴濊潞潩濱潐過霑霞霙霜鮫鮦鮴鮑鮥鮚孺嬬黛點
陰陪陷頻頸額頤遂達過遍遁道舉瞞翮融歙螬窺龜圉霝餟寰		燠燡燦燴燭燧頰曖膠駸駿騂輮轄轂輿陽隄隃隋憾撼擂擅療嚀營	壔磴磾磺磯磽璜璡璘嶺嶽嶼雁懌擇擄擁擋隆撻隈隅禪蟥谿趨磬聱翿		黝據噱

十八劃

木	火	土	金	水
檻檣櫃檳檸樺橚穚黃蔽蒙簧簦簣簫簰鬆穟懞儭	膲膩膨駢騑轇轉顓鞊鞦繒總織繢綺䡖曙曛燿蹛蹤蟬蟓鵝鵠鵑闖	壙擡環璐璬蟯謹蹟蹕翹鼇壂覲魋魍顒甕罋懙雛戳雙	鎮鎮鎌鎗鎘鎊鎛鎬鎰鎚鎡鎗醪醭醫雞皦竅蹜䠻擠翱	濠濡濧濱濬瀾濤濮鯤鯁鮡鯆鯡漁懦擩鄂黚黝

多重屬性	不分類
鍠鍾鐈鐅鐄鎵鎘鎷鏄鎛鎝鍫鎦錫鎏醛醜皤礉橚櫸檥檺檍樧穚蕉蔓蓍蔗蔞蔡蔣蔚蔦蓼蓮蓲薆蕉篿簥簠簨勰懃慇懇勰螾螺繘縲縳繀繙繖魋鮟鮮鮭雿霜燿燥燦熿燠熼膝	嶸礐礁礒瞧璟璔璘儲鯀邅遒遙勵黜獮懈徼鱗隍膚幫黏
	償擒撿擔憸懂隊鄩襀禠謙謏謚謓謗彌嬪嬙館餞餅餡瞪瞘矓蹜賽蹇贅螯
	蜂鞞襄歟斂殘獨瞥矯翳睾臨擎鞠禦裔戲嬰嫿遭鄉牆禧聲爵

多重屬性	不分類
鎔鎦鎧鎵鎢鎷鎉鎴鎳甓鎏醍醬檭檯櫂櫅檺檸檽穠糧蕪蕄蕧蕇蕙蕊蕉蕞蕈蕘蕫 蕔蕤蕓蕩蕑簡簧簪馥謨獲濶濕濰瀔濣濴濜濦濝濟濘濛濯濩濨濇鯉鯀霤霢艟鼬 鼫懣懟爃燿燁曜曚膳臎膮膦膰臂騅騋騄繙蟠嬸旛翻懨遯璦璩璪璨璯礌礎璧繞 繕繙璥髁雜鵌鵒闓闔鞦觴嚕魏韺	懤擬擣擯禮襏襆獮蹤蹢瞻蟲聶豐屩癜覷貙蹙蹩軀鬈聵斷歟鄙鄘鄜隕隘隔顏額 顎麌遨鞭鞬餱餿颼謦適

十九劃

木	火	土	金
櫥櫝穧薡蕗薁蕼蕺薉薤薣薟蕻薝薌薖薪蕷薔簽簷簾簸繩攀麓麴顙鄰嚦劖儳靡 譁襟襖選遴餼	爊爕臆膽臉膿臄膾臌騙騑颿騣騧騝騢轎轍鵲鵪鵬鵩㦥蠍蟺鄦鄢鄫贈蹭繪繡繶 繯繫譜譖識譚贉擾擺攆障際韻騖嬿嚥髂鬋鬍關遼	壚壞礙璸璿璻璵疇廬獸璽壟龓寵龐嚨蟷蟻擴餽疆遶譊趫趬蹺璺礙羹顗鄯鄲禯 難遲	鏒鏤鏃鏂鎩鏮鏑鏢鏞鏇蹲遵鄭隙醭醱醯願辭鏖鏧繳覈

二十劃

水	金	土	火	木
瀕邃繻蠕襦瀣黨黥黥鯽艦	鐙鐏鏷鐯鏾鐩鑽鐩鐵鏽鐩鐩醴譬邈	壤巉礦礦礨瓏罌寶攏癥觸鞀饉阮譯議獻	臍膌騰輾轍騷驅騫騖懸贏饅聹鶸闡闞繡繽熊	櫬櫪憕蘭藏籌礬諄糲蠓

不分類	多重屬性			水
蠙蠅擷譆譇禨遺殰牘禱	擻摘憤禰襠鄧遷遺蠔蠐蟾蹼蹬蹻躇譏譎證顃贊韜韞顢魔麗癡勷翾馘	踳鄱贏辮蟹類犧毳離	鰡鯤鯰鯖㶸燵爆曝曠矚矓騾騤轆轆繹繾徽壢瓀㬚遷爐儳譙餾	瀆瀄瀣鯨鰍鱗鱒遄霧霸靈霹
	薅薇薊蘑蘊薄蕾薏蓼藚蘠蘜薔薈蘦藘薀礫櫪櫞櫨穧穫蒼蕾薛薙蓬蔓薛薐			
	鏱鏻鏗鏝鏡鐘鏍鏰鏽鏈鰲臂醰醮塹欄欄櫚櫺櫨穩穫礦礦磽磽磽			

二十一劃

木	火	土	金	水	多重屬性	不分類
櫻欅櫳攬藍藝數藪籃隩饌	爍驒驅驂驄驚轞轟鷟鶯轂顥鬘襄轉臚臘蠢纊隨	瓏曨礱歸饒躍顧趯儸飆	鑴鐶鐮鐲鐵鏺鐹鐽辯邈躓譅	瀰瀲瀼瀹露	鐸鐺鐶鏷鑠鑣鐵醴醹欄藥蕃藤藕蘦蘮灝瀼瀾鰭鰡霹霰霸闥闢驒驎翾驟鷟繯纏黯鷗鶴鷞護巍罍繽魔蠣襪蟻	儷攘殲懺譽癩鼉嚼蠱覽饋饑險隧鄹屬譴蠟饎躊邎遙逥

多重屬性	不分類
薺藐薹薯藻蕢蘀遽籍篡鄴羅饅邁瀝瀤瀚瀧瀨瀛瀟瀱鰭鰒鰮鰍鰈鰉艨嬬醴醸辮欐櫨糯蕭葵蓋蕈薰爐爔曨曦皪臁朦驪驍驊轊蟒耀爇礦礫璨礬犧邂霰懶獺躇馨	嚴懷襀競覺嚷孃譴謙贍蹦嚶旟飃還

二十三劃

木	火	土	金
欐欑穛虆藕籤麟	曬驗驊鷰讌體髓顯轞戀孿變纖纓	巖壧攤	鑚鑞爵

二十二劃

木	火	土	金	水	多重屬性	不分類
穰蘗蘋囈龢襯	驔驒驕鷗鷭驚爝響彎隱隰	龔襲襀疊巔巒璎瓔讄攜躑懼罏饔鞻	鑑鑒鐰鑭鎖鑄躑隋	灃鱈鱌儻	鑑鑢鑠鑥鑊鑄欋蘑蘊蘭蘄蘅蘀蘇蘆歡穎籙籜籠籛爟朧臚瞳驕驍驁驊鷙躒	躓囊攝邊鬚讀懾纑艫爾韉儼癭

二十四劃

水
灩 鱘

多重屬性
鑛 鑢 鑠 鑪 欐 蘭 蘚 蘗 蘂 蘩 驛 驍 轤 轤 鱒 鱔 鱗 艱 驚 儽 纞 嚥 欐 瓛 灘 瀺 黴

不分類
鬢 攢 蠱

二十五劃

木

火
騾 贛 蠻 髖 鸞

土
瓚 礦 隴 癱

金
鑫 鑪 釀

水
靈 鱷

多重屬性
钂 钂 薑 虉 虀 臠 鷹 衢 魘 壩 罐 靂 蠹

不分類
顰 蠹 鬢 讖 讓 艷 囑 癲

木
欖 蘿

二十六劃

不分類	多重屬性	水	金	土	火	木
矚讚酈邐	圞驢驥鑴鑵灣邐		鑷醼			饞

不分類	多重屬性	水	金	土	火
躓酆攬	鑱鑭欄蘿籬籬廳灝灞鱠	灂	錀鑲醽	瓛矕顱	爓羈纘繩蠻

二十八劃

多重屬性	水	金	土	火	木
驪钁钁灩		鑿	豔	戇鸚	

二十七劃

多重屬性	水	金	土	火	木
蘽灤躝驪鸕钁戀鑪	鱷釅	钁讜黷		驤纜	

三十劃

木	火	土	金	水	不分類
	鸛 鸞		鼉		韀

二十九劃

木	火	土	金	水	不分類
鬱	驪				

本章教學重點

1. 公司命名的重要性和姓名學的關係。
2. 公司行號命名方法。
   · 配合負責人先天八字和紫微斗數命盤
   · 數理八十一靈動數
   · 字形字義融入產業屬性，並且加入行銷學的元素
3. 公司八十一筆劃靈動數解析。

第十四章

公司取名的方法和公司取名的八十一筆劃靈動數解析

公司名字如同一個品牌，在命名上，除了傳統姓名學的八十一靈動數以外，更要適時的融入行銷學的觀念，讓公司名稱和產品的屬性相互結合。唯有掌握住對的取名方式，事業才可獲得契機，蒸蒸日上。

一、公司命名的重要性和姓名學的關係

公司的名字就好比一個品牌，每家公司在草創之際，其業主必是希望該公司能得以永續經營，世代相傳。舉例來說，香港首富：李嘉誠先生所創立的『長江實業（集團）有限公司，簡稱長實』；台灣模具和零主件組裝霸主：郭台銘先生所建立的『鴻海科技集團』；內地知名的電器產業『長虹集團』。這些公司的命名，都具有廣大和長久發展的靈動能量，可看出經營者對於企業的期許。

如同名字對於「人」在運勢上的影響，其數理的靈動數相同也能套用在公司行號和店舖的取名上。

要替公司商號取名，需先瞭解該公司的營業項目，產品屬性，顧客的族群和年齡，競爭對手，以及配合負責人的八字、五行喜忌及紫微斗數命盤，綜合以上條件，避其凶，取其吉，方可諸事吉祥，為其謀得財運，以致大發利市。除此之外，公司取名和品牌命名除了命理的要素，也需要融入行銷學的概念，讓公司名字和產品名字對目標市場具有意義和代表性，好記好念、朗朗上口，並且能和競爭對手有所區隔，強化公司的定位和獨特性。

二、公司行號命名方法

❖ 配合負責人先天八字和紫微斗數命盤

公司命名同樣套用常人命名方式。需要先配合負責人的生辰八字，以五行生剋作為參考，並且納入紫微斗數的命盤，觀其本命格局吉凶，以及未來事業和求財運勢的發展；再將產業或是產品的五行屬性融入公司名字和品牌名字之中，如此就能以命理的基礎為公司和品牌取好名。此外，若該公司尚有其他合夥人或是股東，也需納入他們的生辰八字和紫微斗數命盤，環環相扣之下，才能讓所命之名得以發揮，以展鴻圖。

❖ 數理八十一靈動數

如同人名一樣，公司命名也可用筆劃數來看吉凶好壞。只要算出正確的公司名字筆劃數，然後加總在一起，依照主格筆劃數和名字總筆劃數去對照八十一靈動數，即能看出公司名字的吉凶好壞。

特別注意，公司名字是以主格靈動數和總格靈動數為分析要領。主格代表公司名稱的格局走向，總格代表公司名稱的整體總和結果。

★ 零售業範例：「大潤發」

其完整名稱為「大潤發流通事業股份有限公司」。公司名字分析如下所示：

筆者將列舉四個公司名字當做範例，為讀者進一步了解公司名字和靈動數之間的關係。

```
大  3  ┐
潤 16  ├ 主格（31）
發 12  ┘

流 10  ┐
通 14  │
事  8  │
業 13  │
股 10  ├ （90）
份  6  │
有  6  │
限 14  │
公  4  │
司  5  ┘

        總格（121）
```

>> 楊老師貼心解釋：

公司名字的總筆劃數通常都會超過81劃，當遇到這種情況時，只要將總筆劃數扣掉80，所得到的筆劃數，即為總筆劃。以大潤發為例，這個公司名字的總筆劃為121劃，數字超過81劃，所以實際的總筆劃數為121劃扣掉80劃，得到41劃。此41劃即為實際的總筆劃數。

大潤發這個公司名字的主格靈動數為31劃，總格靈動數為41劃。對照公司取名的八十一靈

動數，可以得到下面的解釋：

主格：吉【卅一】名滿天下：此為大吉之數，名利盡收，能得非凡成就。

總格：吉【四一】前景無限：天賜吉運，只需掌握住時機，便得錦繡前程，無限美好。

★資訊科技業範例：大陸收尋引擎「百度」

其完整名稱為「百度線上網路技術（北京）有限公司」。公司名字分析如下所示：

百度這個公司名字的主格靈動數為15劃，總格靈動數121扣80，即為41劃，其靈動數為吉劃。對照公司取名的八十一靈動數，可以得到下面的解釋：

主格：吉【十五】事事如意：富貴榮華皆在握，能得福澤，廣受眾人喜愛。

總格：吉【四一】前景無限：天賜吉運，只需掌握住時機，便得錦繡前程，無限美好。

★ 美食業範例：「王品牛排」

其完整名稱爲「王品餐飲股份有限公司」。公司名字分析如下所示：

```
王  4 ┐
品  9 ┘ 主格（13）

餐  16 ┐
飲  13 │
股  10 │
份  6  │（74）
有  6  │
限  14 │
公  4  │
司  5  ┘
─────────────
總格（87）
```

王品這個公司名字的主格靈動數爲13劃，總格靈動數87扣80，即爲7劃，其靈動數爲吉劃。對照公司取名的八十一靈動數，可以得到下面的解釋：

主格：吉【十三】百業昌隆：吉運自來，如得庇佑，發展過成順遂得望，能獲成功。

總格：吉【七】駿業崇隆：興盛隆昌，如同撒網捕魚，所獲豐沛。

★ 電器業範例：「長虹電器」

其完整名稱爲「長虹電器股份有限公司」。公司名字分析如下所示：

288

長虹電器股份有限公司

```
        8  ┐
        9  ┘ 主格（17）
       13  ┐
       16  │
       10  │
        6  │
        6  │ （74）
       14  │
        4  │
        5  ┘
   總格（91）
```

長虹這個公司名字的主格靈動數為17劃，總格靈動數91扣80，即為11劃，其靈動數為吉

劃。對照公司取名的八十一靈動數，可以得到下面的解釋：

主格…吉【十七】吉星高照：吉人天相，能得貴人相助，發展過程一路順遂。

總格…吉【十一】駿業日新：有如四季之春，大地萬物頓起生息，得時勢大展鴻圖。

❖ 字形字義融入產業屬性，並且加入行銷學的元素

今日的公司命名除了依傳統姓名學命名方式，還需適時的將行銷手法納入考量；依行業類別，選用符合且具意義之文字，不過份唐突，又能令人印象深刻，自然而然的留於大眾印象之中。依照上述所言，又能細分為下：

(1)公司名稱應與產品屬性結合

隨著行業類別不同，在文字的選用上也需仔細評估。舉例來說，於金屬製造業頗具名氣的

「錦鋐氣密窗」，光從字面上就能得知是精挑細選而出的，「錦鋐」兩字皆帶金屬邊，正與該產品的屬性及定位不謀而合，消費者看到公司名稱，自然能聯想到其產品屬性，這就是所謂公司名稱與產業相結合。

(2) 符合經營者對公司的期許

多數經營者對自己所成立的公司必定是有所期待，將其願景融入其名稱，一方面可展現其企圖心；再方面，可藉此提醒公司上下的員工，努力朝這美好的遠景邁進，集結眾人一心，公司未來的發展才會有所作為。例如：「鴻海」、「華碩」、「富邦」、「遠傳」、「旺旺」、「匯豐」、「建設」等。

(3) 容易發音和記憶

好讀、易記在行銷手法中，是相當重要的一環；將其套入在公司命名裏，一樣能得以運用。所命之名必須深植人心，可以朗朗上口，一提到產品就能聯想到該公司品牌，繼而選擇它，為其謀得更大的商機。例如：「統一」、「大同」、「旺旺」等。

公司八十一筆劃靈動數解析

吉【一】鴻圖大展：如同世間萬物初成，百事俱興，方能得以施展。

凶【二】根基不穩：用盡苦心卻徒勞無功，所做努力皆屬白費心機，難有所成。

吉【三】事事吉利：事業能蒸蒸日上，增添繁榮富庶，事事如意。

凶【四】搖搖欲墜：象徵根基難以穩固，樹立於風雨之中，左搖右擺，固難成事。

吉【五】客似雲來：開業大吉，事業能得昌隆旺盛之運勢，圓滿順心。

吉【六】大發利市：萬事皆以俱備，能得安穩吉慶，平步青雲。

吉【七】駿業崇隆：興盛隆昌，如同撒網捕魚，所獲豐沛。

吉【八】萬商雲集：祥瑞呈現，故能得所望，成其事，客源自來。

凶【九】窮途末路：經營困苦，暗喻山窮水盡已逢末路，不如歸去。

凶【十】烏雲蔽月：局勢忽暗忽明，恐有破產、敗壞之虞，難有作為。

吉【十一】駿業日新：有如四季之春，大地萬物頓起生息，得時勢大展鴻圖。

凶【十二】再三衰竭：事業發展節節敗退，以致淪落失守收場，難有所為。

吉【十三】百業昌隆：吉運自來，如得庇佑，發展過程順遂得望，能獲成功。

凶【十四】孤立無援：猶如身陷戰亂之中，四面楚歌，無人予以援手，孤軍奮戰。

吉【十五】事事如意：富貴榮華皆在握，能得福澤，廣受眾人喜愛。

吉【十六】冠蓋雲集：事業發展能成就大格局，得利益，享盛名，成就非凡。

吉【十七】吉星高照：吉人天相，能得貴人相助，發展過程一路順遂。

吉【十八】百事亨通：成功發達之數，萬事吉利，得時局，勢如破竹，如日中天。

凶【十九】門可羅雀：無人脈，失人氣，難有蓬勃發展之日。

凶【二十】蓬門蓽戶：重重險難，身處荒涼之中，難以突破重圍。

吉【廿一】穩如泰山：根基穩如磐石，用心經營，必能橫越困難，獲以豐收。

凶【廿二】四面楚歌：艱鉅與凶險之象，縱有才華，皆無法得以時局，有所發揮。

吉【廿三】如日中天：名聲赫四方，客源不絕自便來，能有所得。

吉【廿四】天從人願：成就需靠白手逐一搭建，善用自身才識，終能成就大業。

吉【廿五】無往不利：握有天時及地利，若能兼顧人和，更能造就另一巔峰。

凶帶吉【廿六】千變萬化：時局瞬息萬變，需能於波濤之中平穩駕馭，才能轉吉。

吉帶凶【廿七】波詭雲譎：興衰、成敗皆在轉眼之間，需格外謹慎，方有所得。

凶【廿八】景色蕭條：任憑再多努力，局勢仍為一片蕭瑟，落得慘淡收場。

吉【廿九】如魚得水：發展過程諸事順心，憑藉自身謀智能獲以無數繁榮。

吉帶凶【卅十】柳暗花明：大起大落，得失之間難以掌控，需戰戰兢兢面對。

292

吉【卅一】名滿天下：此為大吉之數，名利盡收，能得非凡成就。

吉【卅二】鯉躍龍門：運勢當頭，更逢貴人出以援手，成功之時指日可期。

吉【卅三】高朋滿座：猶如旭日昇起，光茫萬丈，需懂內斂自謙，人和為貴之道。

凶【卅四】夢幻泡影：鏡花水月一場空，耗費苦心，努力經營，只是徒然而已。

吉【卅五】細水長流：如涓涓流水，永續經營，雖無大成就，但能在平穩中成長。

凶【卅六】山窮水盡：好比遭逢窮山惡水之境，難以再關光明之路。

吉【卅七】萬事俱興：若遇阻礙，必得東風相助，繁華美景終會到。

吉凶各半【卅八】享譽盛名：名利難兩成，能獲其名，利益則難得。

吉【卅九】萬紫千紅：過程雖有勞碌，但最後光景卻是璀璨無比，能有所獲。

吉帶凶【四十】載浮載沉：盛衰起伏較大，需努力不懈，才能得其所願。

吉【四一】前景無限：天賜吉運，只需掌握住時機，便得錦繡前程，無限美好。

吉帶凶【四二】學藝不精：技多難專精，要懂得專心一事之道，才能有所作為。

凶帶吉【四三】華而不實：易隨波逐流失去方向，需謹慎自重才可獲得吉運。

凶【四四】形如槁木：處事善於心計，但容易妄動躁進，故事事難成。

吉【四五】名揚四海：如得鴻運相助，只需順應時勢，便得璀璨前程。

吉【四六】橋木死灰：前方已是險難重重，縱想衝出重圍，卻無天時地利相配合。

吉【四七】扶搖直上：過程起伏不大，若遇困境，也能獲得貴人出手，化厄解難。

吉【四八】天賦吉運：為其筆劃數，可謂得天獨厚，能得繁榮光景，興旺富庶。

吉凶各半【四九】篳路藍縷：路途格外艱辛，需賴恆心毅力與謹慎的態度，才有作為。

吉凶各半【五十】興衰起伏：吉凶相依，榮華富貴猶如過眼雲煙，稍縱即逝。

吉凶各半【五一】無風起浪：於平穩之中起伏不定，若不能有所自律，則有災禍。

吉【五二】創業守成：目光卓越，能洞悉先機，能於利祿之際，繼續再創高峰。

吉凶各半【五三】守成不易：於發展過程能獲其利，但需注意由盛轉衰之變動。

凶【五四】徒勞無功：如陀螺一般，成日奔波勞頓不得閒，最後仍無所獲。

吉凶各半【五五】外實內虛：貌似昌隆，無奈內裏空洞貧瘠，經營需多費心思，才有望轉為美好。

凶【五六】無疾而終：所做與所願相背而行，天不從願，徒生感歎與愁悵。

吉【五七】時來運轉：雖有波折，能得時運相助，事業有所展望。

吉【五八】先苦後樂：鎮日忙內忙外，需比旁人多加付出，才有最後的收穫。

凶【五九】窒礙難行：過程發展綁手綁腳，難有展現之時，故而事事難成。

凶【六十】功虧一簣：左右搖擺，內心紊亂不定，總在臨門一腳時大意失荊州。

吉【六一】富貴可期：偶有烏雲罩日，應自律自重，待得雲開見月明，順勢而為。

凶【六二】淒風苦雨：有志難伸，縱有抱負理想，卻無舞臺發揮，空走一遭。

294

吉【六三】繁榮富庶：繁榮景象已可見，需待時機順推水，成功可期。

凶【六四】禍從天降：苦無所靠，情勢走向總朝不利之處發展。

吉【六五】龍鳳呈祥：福澤綿延，總能獲得先機，享譽盛名與利益，是為大吉之數。

凶【六六】浮雲蔽日：身處黑暗之中，難見曙光之時，耗費萬般苦心皆落空。

吉【六七】金玉滿堂：展業有所獲，名利皆在望，富貴榮華集一身，備受恩寵。

吉【六八】勝券在握：心思縝密周全，若能把握時機，必能成功。

凶【六九】萬念俱灰：險難之象，時遇逆境之中，無法得天時，故難獲利。

凶【七十】無能為力：勞心又勞力，但其經營仍不見起色，有力不從心之意味。

吉帶凶【七一】指日可待：福禍相倚，需比旁人更加努力，貫徹一心，才有所獲。

凶帶吉【七二】詭譎多變：如處迷霧之中，難以看清前方路途是險或吉，難以心安。

吉帶凶【七三】臨門一腳：能有順遂運程，尚缺決心毅力，需兩者兼顧才有所得利。

凶【七四】斷垣殘壁：逸於安樂，慣於懶散渡日，難有美好前程。

吉帶凶【七五】欲速不達：容易莽撞行事，凡事需懂得規劃，才能成其事，得其利。

凶【七六】油盡燈枯：已逢末路之途，難有作為發展，空手而返。

吉凶各半【七七】疲於奔命：吉凶總相伴，看似美好，險難便已來到，需小心面對，不可過於鬆懈。

吉帶凶【七八】好景不常：需注意成功時即是衰敗之際，若不謹慎，成就將瞬間成空。

凶【七九】困難重重：欲成大業，其路可謂難上加難，此數為大凶，不宜用之。

凶【八十】萬劫不復：挫折不斷，波瀾相繼而至，歷經險厄也難有成果。

吉【八一】萬象更新：此乃繁榮富貴之數，事業發展，格外順心如意，可如所願，獲得名利。

◆逢八十一數，還本歸元，數理又自一劃算起。例如，八十六劃者，需扣八十，其數理靈動數即以六劃計算。以此類推。

◆楊智宇老師的網站有提供免費的康熙字典，裡面完整每一個字的中華文化涵義、公司的筆劃數查詢、文字五行、姓名學三才五格靈動數解釋、紫微斗數命盤、八字五行命盤、基礎喜用神，上網可以免費算命。

繁體版網址：www.life-guide.com.tw
簡體版網址：www.life-guide.com.cn

第十五章

姓名學與三才的關係

所謂姓名學的三才關係，就是將天格、人格、地格整合在一起，透過三才的關係，去了解名字對一個人的影響。三才關係較佳者，成功運和貴人運較佳，反之相反。透過下表的整理，你可以尋找出自己名字的三才關係，並且找出對應的三才吉凶解釋。

三才是由天格、人格、地格所組成，而三才關係裡面的五行定義，是依照筆劃數來定義。

其定義的方式如下所示：

姓名學筆劃數，尾數是1、2，則為木。

姓名學筆劃數，尾數是3、4，則為火。

姓名學筆劃數，尾數是5、6，則為土。

姓名學筆劃數，尾數是7、8，則為金。

姓名學筆劃數，尾數是9、0，則為水。

〉〉楊老師解析：

三才關係所說的金、木、水、火、土，是依照筆劃的尾數來定義五行，但是要特別注意，實際取名時，對於所欠缺的五行，仍然需要用文字去補，才是正確的方式。

現代姓名學理論，三才的比重越來越低，這是因為用數字去看五行的理論其實充滿爭議。楊老師收錄三才的內容，讀者可參考，但實際的取名，仍然要用前面章節的內容，才能取好名字。

天格爲「木」者：

吉凶	天格	人格	地格	三才配置的靈動力
吉	木	木	木	此格局天生亨通吉運，有富貴繁華之大運，按部就班謹慎而行，必成大事。
吉	木	木	火	此格局天賦吉運，名揚四海，並且有子孫福運，能享健康長壽。
吉	木	木	土	此格局家庭和睦，繁榮昌盛，在社會上名聲受他人尊敬，有大富大貴的之運。
中平	木	木	金	此格局機運平穩，若能循序漸進，可有不錯發展，但要注意人際關係，處世多些圓融，便會有安穩平實的成就。
平	木	木	水	此格局理數平平，自我意識稍強，事業方面若基礎不穩時就貿然前進，會有意外的發生，這方面可透過後天努力預先避免。
吉	木	火	木	此格局天賦吉運，立志向上，大富大貴近在眼前，長壽幸福。
小吉	木	火	火	此格局雖有機運，但過於自信，易樹立敵人，而招失敗，若能待人和氣有禮，可順利發展。
吉	木	火	土	此格局具有長輩緣，可成功發展，一生順遂。

平	平	平	中平	吉	平	平	平
木	木	木	木	木	木	木	木
金	土	土	土	土	土	火	火
木	水	金	土	火	木	水	金

| 此格局雖有機運，但理數平平，若奢侈玩樂，將導致沉迷酒色，招致失敗，要懂得把握時機及加上後天努力便可順運而起。 | 此格局機運平平，心生不滿念頭，終致失敗。此格局需避免一步登天的想法，才可順利有成。 | 此格局機運平平，需要腳踏實地，若有投機之心，易在困難時寡斷，信念不堅，終無法取得大成就。此格局需要堅定自身意志，便可順利。 | 此格局雖努力向上，但收穫是一步步累積而來，若過程中優柔使用此數需要加強自身的調適，便可逢凶化吉。 | 此格局雖有理想，但遇到阻礙時，容易心生不滿，行路走偏，平安度過。 | 此格局可藉著天賦，一步一步腳踏實地，待人和氣有禮，可求狀態，也可免除意外之災。 | 此格局機運平平，遇到困難要主動化解，便可改變境遇不安的敗。需打開眼界，多學習，廣收知識，才會順利。 | 此格局理數平平，容易因為自我意識過強，基礎不穩，終致失道，易因驕傲惹事生非，這方面可透過後天努力去避免。此格局機運平平，性格剛毅堅定，但若沒有後天守持中庸之 |

小吉	小吉	平	中平	吉	平	平	中平	平
木	木	木	木	木	木	木	木	木
水	水	水	水	水	金	金	金	金
水	金	土	火	木	水	金	土	火
此格局有成功的機運，但要注意家庭關係，兄友弟恭，父慈子孝，避免紛擾和阻礙，則可安然順遂。	此格局好壞各半，若穩重踏實，不做超過之事，還算安然。	此格局機運平平，待人處世需注意圓滑中庸。若自私就會樹立敵人，導致人心分離，成不了大器。	此格局雖有好運，但是少年得志，自負，招致禍害，若能謙虛可保平安。	此格局機運不錯，壯年可達顛峰，但要注意待人處事上，勿得罪他人，可避免日後糾紛，一生平安。	此格局機運平平，機運需要自己把握，自身主動追尋，終可隨心所欲。遇到困難若無上進之心，一生無成功之運。	此格局雖有抱負有遠景，但要眼明心亮，避免投機玩樂，才不會喪失良機。	此格局雖有機運，但容易猜忌，致使孤僻。惟修身養性，調養自己，才可逢凶化吉。	此格局雖有做大事之運，但應避免驕傲之心，導致身邊人際不佳、或不自量力。若可守中庸之道，便可大事有成。

天格為「火」者：

吉凶	天格	人格	地格	三才配置的靈動力
吉	火	木	木	此格局天賦吉運，做事謹慎，受人尊敬，待人和氣，必成大事。
吉	火	木	火	此格局天賦吉運，若能克服困難，則前程似錦。做事勿心急，待時機成熟時，把握機會，則前途無量。
吉	火	木	土	此格局天賦吉運，若腳踏實地，必成大事，可幸福長壽。
平	火	木	金	此格局機運平平，容易心生浮動，導致境遇不安，需穩定自身心態和想法，遇到困難可以平心克服，才能安然渡過。
上平	火	木	水	此格局機運不錯，但若過於自負，過於重義，則會惹禍上身，若處事合理，待人和氣，可逢凶化吉。
吉	火	火	木	此格局機運發達，待人有禮，可默默中建立尊敬，享榮譽富貴之運。
小吉	火	火	火	此格局有機運，但言行舉止要注意，勿樹立敵人。待人處世要和氣，就能成大事。
上平	火	火	土	此格局安祥順遂，安份守信可以順利平安。但要注意交友狀況，避免不良誘導，以及衝動用事，最終有所遺憾。

中平	平	中平	小吉	吉	吉	小吉	平	上平
火	火	火	火	火	火	火	火	火
金	金	土	土	土	土	土	火	火
火	木	水	金	土	火	木	水	金
此格局好壞各半，好則好，壞則壞，一生應注意謹慎行事，腳踏實地，才可逢凶化吉。	此格局機運中平，需懂得自定目標，努力實現，才會正面循環。注意若是沉迷酒色，將導致坎坷不斷。	此格局雖有長輩提拔之緣，需懂得把握時間。若無法掌握機運，將導致困難及阻礙。時時準備好自己，機會就會來臨。	此格局得貴人提攜，長輩厚愛。但要避免負面思考，怨天尤人，才能發揮長輩緣，吸引成功到來。	此格局機運不錯，若成功時，不自負過頭，待人和氣，能成大事。	此格局天賦吉運，有長輩提拔之緣，只要做事方面專心努力，可享幸福長壽。	此格局機運不錯，但要避免禍從口出，以及官司之犯。若能處事合理，把握機會，有不錯發展。	此格局機運平平，但易心生不滿，以致喜怒無常，而招致失敗。此格局需注意情緒和心態的平衡，才能順利平安。	此格局機運上平，要注意交友狀況，勿待人無情，招惹仇視。若能和氣待人，謙虛有禮，可逢凶化吉。

上平	吉	平	上平	平	平	中平	中平
火	火	火	火	火	火	火	火
水	水	水	水	水	金	金	金
水	金	土	火	木	水	金	土
此格局機運上平，須多磨練自己，加強毅力，耐心，才可成大事。	此格局須靠天時地利人和才可成大事，且機運不錯，肯吃苦耐勞，必能成大事。	此格局機運平平，需培育自己承受挫折的能力，此數理容易缺乏毅力，遇到挫折或不順之事，容易自暴自棄，這方面多注意	此格局做事須謹慎，堅強冷靜解決困難，晚年平平穩穩。	此格局有天生領導力，為領導之才。但注意身心過勞招疾病，須懂養生之道，晚年身體狀況才會安良。	此格局機運平平，須守持中庸之道，便可安穩。勿身心過勞，才不會招致衰運，惹意外之災。	此格局少年得志，晚年辛苦。平時多注意待人和善，勿高傲過頭。年少即應儲蓄，晚年才可無慮。	此格局大起大落，可成大事，也可成千古恨，在發達時，應多小心謹慎，謙虛待人，才能平穩安然。

天格為「土」者：

吉凶	天格	人格	地格	三才配置的靈動力
小吉	土	木	木	此格局有機運，但要培養自身行動力，不可虎頭蛇尾，才不會白白失去大好機運。
中平	土	木	火	此格局困難稍多，時好時壞，若養成積極態度，勤勉節儉，待人和善，可平穩安然。
平	土	木	土	此格局雖有機運成功，但要走對方向。若沉迷酒色，奢侈玩樂過頭，終將守不住成功的果實。
中平	土	木	金	此格局雖有機運，但過於自我。若能待人處事有禮，謹慎而行，才可逢凶化吉。
中平	土	木	水	此格局雖有機運，但過於奢侈，貪圖玩樂，若能積極正面，可逢凶化吉。
吉	土	火	木	此格局機運不錯，若修身養性，待人和氣，可繁榮富貴。
中平	土	火	火	此格局雖有機運，但缺耐心，做事虎頭蛇尾，若能對於目標堅持前進，可保安然。
吉	土	火	土	此格局天賦吉運，成功發達，根基穩固，享幸福長壽。

中平	平	中平	吉	吉	吉	中平	平	中平
土	土	土	土	土	土	土	土	土
金	金	土	土	土	土	土	火	火
火	木	水	金	土	火	木	水	金
此格局雖有機運，但要腳踏實地，不可急躁、或是缺乏謹慎，才能避免失敗。	此格局機運平平，年少得意，得意之時要懂得持續增強自己能量，才不會懶惰潦倒，導致晚年沒有長進。	此格局雖有機運，但理數不佳導致內在空洞，虛有其表，終招失敗。	此格局天賦吉運，有長輩、朋友緣，一帆風順，境遇安定，可得長壽幸福。	此格局天賦吉運，有貴人相助，及本身意志堅定，必成大事。	此格局有先天的機運，智勇雙全，努力打拼，必成大事。	此格局雖有機運，但做事虎頭蛇尾，難成大事。若能腳踏實地，用心努力，才有成功之望。	此格局機運平平，需堅定自身意志，不可意志薄弱。若做東想西，會導易身心過勞，職業變動大。	此格局機運中平，耳根子軟，易受他人之欺騙。若能磨練自己，刻苦耐勞，有成功之望。

中平	中平	平	上平	中平	小吉	吉	吉
土	土	土	土	土	土	土	土
水	水	水	水	水	金	金	金
水	金	土	火	木	水	金	土
此格局機運中平。若能有正面想法，懂得知足，樂觀前進，才能逢凶化吉。	此格局機運時好時壞。若能腳踏實地，待人處事和善，就會有成功之望。	此格局年少事業有為，中年時要注意守住打拼下來的成果，才能安享晚年。	此格局年少作為決定晚年生活，待人處事上應圓潤，心胸放寬大，對晚年才有幫助。	此格局雖有長輩緣，但要避免做事衝動，以及固持己見的問題，才能避免失敗。	此格局可得貴人相助，但要避免心無定見、三心二意，做東想西，才不會喪失貴人之勢，喪失機運。	此格局有機運，但要多注意言行舉止，謹慎而行，可保平安。	此格局天賦吉運，有長輩緣可順利發展，待人和善，受人尊重，可享榮華富貴。

天格為「金」者：

吉凶	天格	人格	地格	三才配置的靈動力
平	金	木	木	此格局機運平平，要注意養生問題，防微杜漸，就可以避免疾病纏身，和意外之災。
平	金	木	火	此格局數理平平，要注意人際關係，不要樹立敵人，不要禍從口出。好的人脈可以讓事業順水推舟，終享安樂。
平	金	木	土	此格局雖有機運，但要注意不可驕滿，不可剛復自用，導致無人應援，使得人生有所缺憾。
平	金	木	金	此格局機運平平，遇到困難阻礙較多，需要後天堅持和努力，就能化解危機。
平	金	木	水	此格局機運平平，但若沉迷酒色，奢侈玩樂，終會導致失敗。
平	金	火	木	此格局機運平平，若性格驕傲自負，就會樹立敵人，事業上會孤軍奮戰。但若有好的人際支援，就可安然渡過。
中平	金	火	火	此格局雖有機運，但數理不佳以致自私自利，易得罪他人，最終有意外之災。處世圓融才可安然其身。

平	中平	吉	吉	中平	中平	平	平	中平
金	金	金	金	金	金	金	金	金
金	土	土	土	土	土	火	火	火
木	水	金	土	火	木	水	金	土
此格局機運平平，容易奢侈玩樂，致使失敗。親戚朋友子女間亦常有口角發生，但若願意勤儉努力、少說多做，最終都可避免問題發生。	此格局機運中平，雖有滿腔抱負，但因理數不佳，易錯失良機。平時準備好自己，才可在機會來臨時一把抓住，掌握大好前程。	此格局天賦吉運，有成功之運，可享榮華富貴。	此格局天賦吉運，獨立自主，凡事順心如意，大富大貴。	此格局雖有機運，但理數中平，要多靠後天守持自身道德，獨善其身，不可自負，才能免除災難和困難。	此格局可成功發展，但若沉迷玩樂，不務正業，終致失敗，若能腳踏實地，節儉勤奮，則可安定。	此格局機運平平，需安穩實現理想，不可好高騖遠一生。過程中會遭遇困難，若能平心面對，終會渡過。	此格局機運平平，處世需具多些包容，不要尖酸刻薄，得理不饒人，才不會易禍從口出，惹禍上身。	此格局有機運能成大事。但是凡事事可而止，勿起貪念，若過於貪心，不懂知足，將導致功敗垂成。

平	吉	中平	平	中平	中平	中平	吉	中平
金	金	金	金	金	金	金	金	金
水	水	水	水	水	金	金	金	金
水	金	土	火	木	水	金	土	火
此格局雖有先天機運，但口直心快，易得罪他人。若能保有好的人際關係，事業才會順心。	此格局有機運，交際關係不錯，但要注意修身養性，才可有一番作為。	此格局雖有機運可繁榮富貴，但是個性衝動、易驕傲自大，和家庭親人間要多靠後天維繫，才會和平共處。	此格局機運平平，理數不足，自身要有堅定的目標和信念，並且勇往直前，不要顧慮太多，不要有投機心，才會成功。	此格局有意外之吉運，但理數不佳，易得罪他人，這要多注意。	此格局機運不錯，但過於貪心，不懂知足，易招失敗。凡事若循序漸進，腳踏實地，可有成功之望。	此格局機運小有，唯要注意做事謹慎而行，勿禍從口出，以免晚年運勢變動起伏。	此格局先天有領導能力，做事謹慎，頭腦清晰，可名利雙收，能成大事，大富大貴。	此格局機運尚有，若能奮發向上，可成大事，惟要注意人際關係，以免惹禍上身。

天格為「水」者：

吉凶	天格	人格	地格	三才配置的靈動力
吉	水	木	木	此格局天賦吉運，理數佳，和氣待人，圓潤，有成功之運勢。
小吉	水	木	火	此格局機運稍弱，家庭易有溝通失和的問題，但若能多些包容和主動化解，力求和協，仍會有好的發展。
吉	水	木	土	此格局天賦吉運，保持上進之心，一步一腳印，享榮華富貴。
平	水	木	金	此格局機運平平，且理數不佳，要有堅定理念，不要沉迷酒色玩樂，事業上一步一腳印，才會有好收穫。
中平	水	木	水	此格局勤奮向上，白手起家，但因機運欠佳，易失志頹廢，要注意，成功是堅持來的，不可因為一些挫折而失志，才會有成就。
平	水	火	木	此格局機運平平，易禍從口出，得罪他人，與人樹敵。人際方面要多靠後天努力，事業才會順心如意。
平	水	火	火	此格局雖有機運，勿有投機心，易一腳踩空。事業要穩扎穩打，才能降低變化的發生。
中平	水	火	土	此格局機運平平，在困難時會有貴人，但凡事想靠他人，投機心重，易招失敗。培養自己獨當一面，才是久計。

中平	中平	平	平	平	中平	中平	平	中平
水	水	水	水	水	水	水	水	水
金	金	土	土	土	土	土	火	火
火	木	水	金	土	火	木	水	金
此格局雖有機運，但理數稍差，在待人處事上若能合情合理，可保平安。	此格局雖有機運，但過於熱心易惹禍上身，若能少管是非，可保平安。	此格局機運平平，要注意財運的問題，容易因金錢方面與人樹敵，發生衝突，財務方面要多儲蓄，降低風險，才會順利。	此格局機運平平，但人際關係不佳，導致容易樹立敵人。友善對待他人，並且懂得中庸之道，才能順利。	此格局機運平平，且理數也較弱，導致阻礙較多，要多靠自身努力，才會順心如意。	此格局雖有機運但理數欠佳，導致做事衝動，投機，若能待人處事合情合理，不貪心不投機，堅持往前就有望成功。	此格局機運尚有，但理數不佳，導致好壞各半，晚年易為晚輩操煩，應教導家人父慈子孝，兄友弟恭，家庭才會安樂。	此格局機運平平，勿驕傲過度，想法偏差，易鑄大錯。凡事無法都一手掌握，穩扎穩打才能獲得成功。	此格局有外出發展之運，但理數較弱，外出要把握機運，不可沉迷酒色玩樂，才不會往負面方向發展。

中平	中平	平	平	中平	中平	中平	吉
水	水	水	水	水	水	水	水
水	水	水	水	水	金	金	金
水	金	土	火	木	水	金	土
此格局好壞各半，易大起大落。若能謹慎行事，安分守己，一步一步來，可漸漸順利。	此格局雖有機運，但理數欠佳，多靠自身努力，獨善其身，終會順利發展。	此格局雖有機運，要注意不要過於熱心，導致自身一事無成。為自己訂定目標，事業才能有所成。	此格局機運欠佳，以致做事只看眼前，沒有遠景。中晚年易為晚輩操煩。和親人間的關係要多用心維繫，必要時他們會幫你一把。	此格局雖有機運，但理數欠佳，言行舉止要多注意，慎防酒色，若過於心急，易導致不可收拾局面。	此格局雖有機運，但基礎不穩，易有意外之災。要多些謹慎小心，事業穩扎穩打，才能掌握時局。	此格局機運稍差，年少較辛苦，易聽信他人謊言。做事待人上應謹慎而行。若沉迷玩樂，會有意外發生。	此格局有天賦吉運，穩重踏實，待人和氣，可成功。唯需注意男女情感紛爭，交往識人要謹慎，可保平安。

附錄一

改名後的注意事項【台灣、香港、大陸】

改名可讓人的整體運勢獲得改善，但在新舊交替時，需注意下列幾點，對新名字的磁場帶動才有正面效用。

❖ 要多唸、多使用，讓周遭親友都知道：

改名後，需要告知周遭親友，讓新名字的靈動產生，發揮其效用，此外，自身的認定更為重要，也可透過手寫方式，讓自己早日習慣新的名字，讓新的磁場產生影響。

❖ 告知祖先與神明：

確定改名後，除了身旁親友外，還必需告之家中的祖先及神明，以表其尊重之意；若家中無供奉神明，則可到附近的廟宇，焚香稟報，以求神明庇佑。

❖ 多行善事，做功德：

改名之後，為了讓新的磁場早些產生效用，可多作些善事來藉此帶動循環，除了助人，也能利己。

除上述三點外，其他注意事項皆視各國法規條例有所不同。

附註1. 台灣注意事項：

◎帶戶籍騰本、身分證正本、印章到戶籍地的戶政事務所改名。

◎改完名後將戶籍騰本影印3～5張備用，這時的戶籍騰本上會寫何時改名及改名的原因。

◎健保卡、駕照行照、銀行存摺，拿戶籍騰本正本及影本還有身份證去相關單位就可以進行改名。

民眾改名後變更相關資料需備證件參考一覽表

類別	變更項目	繳附證件	辦理機關	備註
公務機關證照類	護照	1.戶籍騰本 2.身分證 3.護照 4.二吋彩色照片二張	外交部領事事務局	
	健保資料	1.戶籍騰本 2.身分證影本 3.印章	投保單位	
	殘障手冊	1.戶籍騰本 2.身分證 3.相片二張	公所	

公務機關 證照類			
駕駛執照	畢（結）業證書、學生證	房屋稅籍資料	所有權狀
1.戶籍謄本 2.身分證 3.印章 4.駕照 5.相片二張	證 1.戶籍謄本 2.身分證 3.相片二張 4.畢（結）業證書或學生	1.戶籍謄本 2.身分證	1.戶籍謄本 2.身分證影本 3.新、舊名印章 4.土地（建物）所有權狀
監理站	各級學校	稅捐稽徵所	地政事務所
			辦理他項權利證明書，詳情請電話查詢。

	項目	需要證件	辦理地點	備註
	行車執照	1.戶籍謄本 2.身分證 3.印章 4.行照 5.保險卡		
民生類	自來水資料	1.水費單收據 2.印章	自來水公司營業處	
	用電資料	1.電費單收據 2.印章	台電公司營業處	
	電話資料	1.戶籍謄本 2.身分證 3.印章	各電信公司營業處	
	存款資料	1.戶籍謄本 2.身分證 3.印章 4.存摺	各行庫、郵局	本人親自辦理

※此表自彰化縣員林鎮戶政事務所摘錄下來，台灣民眾可依此表作為參考。

附註2. 香港注意事項：

◎香港改名須先找律師辦理「改名契」。

◎改名後，要證明出世紙的舊名和身分證上的新名是屬於同一人，便要靠改名契。

◎其他舊有文件，如畢業證書、結婚證書，亦要用改名契證明是同一人。

附註3. 大陸注意事項：

◎一旦更名成功，所有原先的證件，如房產證、銀行帳戶、工作證、商業保險合同、社保手冊等，都要進行變更。

◎並非所有證件都能作更改，如：畢業證、職稱證、各種等級證明、獲獎證書等。以後要用到畢業證的地方，比如找工作、入檔案，都要和戶籍證明結合使用。

買書贈送兩大好禮 活動說明

一. 第一好禮

1. 買書即可獲得：今年最新紫微斗數流年運勢「價值499元」。內容完成超過8000字。
2. 請回函告知您的國曆生辰（年、月、日、時間），性別（男、女），姓名，E-mail，手機，以及您要分析哪一年的運勢。
3. 將回函寄到智林文化。楊老師就會收到相關資料，並且安排時間給您解答流年紫微斗數事業運勢，答案會E-mail給您。

二. 第二好禮

1. 楊老師免費鑑定姓名吉凶好壞。包含：個人姓名、寶寶名字、公司名字。
2. 免費鑑定只能分析個人本名，一人限定一次。
3. 請回函告知您的國曆生辰（年、月、日、時間），性別（男、女），姓名，E-mail，手機，以及您對名字哪裡不滿意，想改名或是取名的原因。
4. 將回函寄到智林文化。楊老師就會收到相關資料，並且安排時間給您解答姓名吉凶好壞鑑定，答案會E-mail給您。

國家圖書館出版品預行編目資料

寶寶取名、成人取名、公司取名，這本姓名學最好用
/ 楊智宇著. -- 二版. -- 新北市：智林文化，2014.04
　　面；公分. --（新生活視野；26）
　　ISBN 978-986-7792-64-8（平裝）

1. 姓名學

293.3　　　　　　　　　　　　　　　103003041

書　名／寶寶取名、成人改名、公司命名，這本姓名學最好用
系　列／新生活視野 26

作　　者／楊智宇　　　　　　　　　E-mail／notime.chung@msa.hinet.net
編　　輯／黃懿慧、盧化茵　　　　　Facebook／www.facebook.com/bigtreebook
排　　版／菩薩蠻數位文化有限公司　劃　　撥／戶名：大樹林出版社 帳號：18746459
設　　計／廖麗萍　　　　　　　　　總 經 銷／旭昇圖書有限公司
出 版 者／智林文化　　　　　　　　地址：新北市中和區中山路二段 352 號 2 樓
地址／新北市中和區中正路 872 號 6 樓之 2　電話：(02)2245-1480
電　　話／(02) 2222-7270　　　　　傳真：(02)2245-1479
傳　　真／(02) 2222-1270　　　　　本版印刷／2020 年 3 月
網　　站／www.guidebook.com.tw

定　　價／320 元
本書如有缺頁、破損、裝訂錯誤，請寄回本公司更換
ISBN：978-986-7792-64-8
PRINT IN TAIWAN

智林文化

智 林 文 化
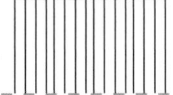
大 樹 林 出 版 社
BIG FOREST PUBLISHING CO., LTD.

地址：235新北市中和區中山路2段530號6F之一
讀者服務電話：(02)2222-7270
郵撥帳號：18746459　戶名：大樹林出版社

請貼
5元郵票

請沿虛線折下裝訂，謝謝！

新 生 活 視 野 26

**寶寶取名、成人改名、公司命名，
這本姓名學最好用**

智 林 文 化

書　　　名：寶寶取名、成人改名、公司命名，這本姓名學最好用	
姓　　　名：	（必填）
性　　　別：□男　□女	（必填）
出生日期：□國曆　□農曆〔請擇一，並打勾〕（必填）	※免費紫微斗數流年運勢分析，需要正確的生辰資訊才能算命。沒有生辰無法分析。
年　　　月　　　日　　　時辰（必填）	
電　　　話：室內電話：＿＿＿＿＿　　手機：＿＿＿＿＿	
E-mail：	（必填）
通訊地址：□□□	
學　　　歷：□研究所　□大學　□專科　□高中（職）　□國中	
職　　　業：□商　□工　□學生　□公家機關　□自由業　□其他	

★購書地點：＿＿＿＿＿＿＿ 書局 ＿＿＿＿＿ 分店　其它 ＿＿＿＿＿

★從何處知道本書：□逛書店　□朋友介紹　□廣告 DM　□其它

★目前最需要的服務：□寶寶取名　□公司命名　□個人改名

★您對本書的意見：內　　容 ＿＿＿＿ 1.豐富　2.尚　可　3.再加強

　　　　　　　　　封面設計 ＿＿＿＿ 1.滿意　2.尚　可　3.改　進

　　　　　　　　　編　　輯 ＿＿＿＿ 1.滿意　2.尚　可　3.改　進

　　　　　　　　　價　　格 ＿＿＿＿ 1.偏高　2.可接受　3.偏　低

★您的建議：＿＿＿＿＿＿＿＿＿＿＿＿＿＿＿＿

＿＿＿＿＿＿＿＿＿＿＿＿＿＿＿＿＿＿＿＿＿＿＿＿

＿＿＿＿＿＿＿＿＿＿＿＿＿＿＿＿＿＿＿＿＿＿＿＿